Navigare nel Diritto Commerciale

Una Guida Pratica per Imprenditori

Rosolino Gullo

Caro lettore,

Ti ringrazio per aver scelto questo libro, che ho scritto con l'aiuto dell'intelligenza artificiale. Il mio obiettivo è di offrirti una guida pratica e aggiornata sul diritto commerciale, la disciplina che regola le attività economiche e le relazioni tra gli operatori del mercato.

Se sei un imprenditore o aspiri a diventarlo, sai bene quanto sia importante conoscere il diritto commerciale, non solo per adempiere ai tuoi obblighi legali, ma anche per cogliere le opportunità e affrontare le sfide che il mercato ti propone. Ma come orientarsi tra le norme, i contratti, le società, le procedure concorsuali e le altre questioni che riguardano il tuo business?

Questo libro è pensato per aiutarti a capire le norme e a concepire il concetto dietro le regole. Non si tratta di un manuale teorico o di un testo accademico, ma di un libro scritto in modo semplice e accessibile, con esempi, casi pratici, schemi e tabelle. Inoltre, il libro si avvale dell'intelligenza artificiale, una tecnologia che permette di elaborare e analizzare grandi quantità di dati, di generare contenuti originali e di interagire con il lettore.

L'intelligenza artificiale mi ha aiutato a scrivere questo libro, fornendomi informazioni, suggerimenti e correzioni. Ma non solo.

In questo libro troverai una panoramica chiara e aggiornata dei principali temi del diritto commerciale, organizzati in quattro parti:

La prima parte ti introduce al diritto commerciale, spiegandoti cos'è, come si è evoluto, quali sono le sue fonti e quali sono i suoi soggetti.

La seconda parte ti illustra il diritto dei contratti commerciali, analizzandone le caratteristiche, le tipologie, le fasi, le clausole e le modalità di risoluzione.

La terza parte ti presenta il diritto delle società, esaminandone le forme, le funzioni, le strutture, le operazioni e le crisi.

La quarta parte ti mostra il diritto della concorrenza, descrivendone gli ambiti, gli strumenti, le regole e le sanzioni.

Spero che questo libro ti sia utile e interessante, e che ti aiuti a navigare nel diritto commerciale con sicurezza e competenza.

3

Buona lettura!

L'autore

Sommario

7

8

Capitolo 1

Introduzione al Diritto Commerciale

Definizione e scopo del diritto commerciale

Il diritto commerciale, noto anche come diritto delle imprese, è un ramo del diritto privato che regola le attività commerciali e le transazioni. Esso comprende una serie di leggi che governano le vendite, i contratti commerciali, le società, le bancarotte, e altre questioni relative al commercio.

Lo scopo del diritto commerciale è di fornire un quadro legale che promuova la concorrenza equa e protegga i consumatori. Esso cerca di bilanciare le esigenze delle imprese di operare in modo efficiente con la necessità di mantenere un mercato equo e onesto per i consumatori.

Il diritto commerciale è una branca del diritto privato che regola i rapporti attinenti alla produzione e allo scambio della ricchezza. Più in particolare, regola ed ha per oggetto i contratti conclusi tra operatori economici e tra essi ed i loro clienti privati (persone fisiche), nonché gli atti e le attività delle società. Il diritto commerciale ha una funzione di promozione e tutela dell'iniziativa economica privata, riconosciuta dalla Costituzione italiana come libera, ma sottoposta a limiti per garantire l'utilità sociale, la sicurezza, la libertà e la dignità umana. Il diritto commerciale ha anche una funzione di regolazione del mercato, per assicurare il rispetto delle regole della concorrenza, la trasparenza delle operazioni, la protezione dei consumatori e dei creditori.

Il diritto commerciale si sviluppa intorno alla nozione di imprenditore e impresa, e si occupa in particolare della disciplina delle imprese organizzate in forma societaria (nonché di altri istituti quali i titoli di credito o i contratti commerciali, che rilevano soprattutto nei rapporti tra imprenditori e tra imprenditori e consumatori). Esso quindi studia, nei vari aspetti, l'attività imprenditoriale e l'esercizio dell' impresa, sia ad opera del singolo, sia ad opera di un gruppo organizzato (come, ad esempio, società o consorzi).

Il diritto commerciale si è sviluppato storicamente a partire dal diritto dei mercanti, che era un diritto autonomo e soggettivo, applicabile solo ai membri delle corporazioni di arti e mestieri, che si occupavano di commercio marittimo, terrestre e bancario. Con la rivoluzione industriale e la diffusione del capitalismo, il diritto dei mercanti si è trasformato in un diritto oggettivo e universale, applicabile a tutti i soggetti che svolgono attività imprenditoriale, indipendentemente dalla loro appartenenza a categorie o corporazioni. Il diritto commerciale si è poi codificato in vari ordinamenti nazionali, tra cui quello italiano, che ha adottato il codice di commercio del 1865, poi sostituito dal codice civile del 1942, che ha unificato il diritto civile e il diritto commerciale in un solo corpo normativo. Il codice civile del 1942 ha dedicato il libro quinto al diritto commerciale, disciplinando i principali istituti e contratti commerciali, le società, i titoli di credito, le procedure concorsuali, il diritto industriale e il diritto della navigazione.

Il diritto commerciale, tuttavia, non è rimasto fermo al codice civile del 1942, ma si è adeguato alle trasformazioni economiche e sociali che hanno caratterizzato il secondo dopoguerra e il processo di globalizzazione. Il diritto commerciale ha subito una forte influenza dal diritto comunitario e dal diritto internazionale, che hanno introdotto nuove norme e principi in materia di libertà di stabilimento, di circolazione delle merci e dei capitali, di concorrenza, di proprietà intellettuale, di consumatori, di ambiente, di società, di fallimento, di arbitrato, ecc. Il diritto commerciale ha anche dovuto affrontare le sfide poste dalle nuove tecnologie, come l'informatica, l'intelligenza artificiale, la biotecnologia, che hanno creato nuove forme di impresa, di contratto, di pagamento, di responsabilità. Il diritto commerciale, infine, ha dovuto tenere conto delle esigenze di semplificazione, di efficienza, di flessibilità, di sicurezza, di etica, che sono richieste dagli operatori economici e dalla società civile.

In conclusione, il diritto commerciale è una materia dinamica e complessa, che richiede una costante aggiornamento e una capacità di interpretazione e di applicazione delle norme in base ai principi fondamentali che lo informano, quali la libertà di impresa, la tutela dei diritti, la regolazione del mercato, l'armonizzazione internazionale. Il diritto commerciale è anche una materia di grande rilevanza pratica, che coinvolge gli interessi e i rapporti di una vasta gamma di soggetti, tra cui imprenditori, soci, lavoratori, clienti, fornitori, creditori, concorrenti, pubbliche amministrazioni, organizzazioni internazionali, ecc. Il diritto commerciale, infine, è una materia di grande importanza culturale, che riflette i valori e le aspirazioni della società in cui si inserisce, e che contribuisce allo sviluppo economico, sociale e civile del paese.

Storia e sviluppo del diritto commerciale

La storia del diritto commerciale risale all'antica Roma, dove le prime forme di leggi commerciali erano in atto. Queste leggi romane formavano la base del diritto commerciale in molte società europee fino al Medioevo.

Nel corso del tempo, il diritto commerciale si è sviluppato e adattato per far fronte alle esigenze di un mondo commerciale in continua evoluzione. Con l'avvento della rivoluzione industriale, il diritto commerciale ha subito significative modifiche per far fronte alle nuove sfide poste dall'industrializzazione.

Nel XX secolo, il diritto commerciale è diventato sempre più complesso, con l'introduzione di nuove leggi per regolare le pratiche commerciali, la concorrenza, e la protezione dei consumatori. Oggi, il diritto commerciale continua a evolversi per rispondere alle sfide poste dalla globalizzazione e dalla digitalizzazione dell'economia.

Il diritto commerciale ha le sue radici nell'antica Roma, ma si è sviluppato significativamente durante il Basso Medioevo, intorno al XII secolo12. Durante questo periodo, il sistema feudale stava tramontando e le città si stavano popolando e organizzando in Comuni. Questo ha portato a un aumento del commercio e dell'economia di scambio.

Gli artigiani e i mercanti si sono organizzati in associazioni chiamate Corporazioni di Arti e Mestieri. Queste corporazioni hanno dato vita al diritto commerciale, un insieme di leggi distinte dal diritto comune (diritto romano e diritto canonico) che regolavano l'attività commerciale.

Con le nuove scoperte geografiche e l'espansione del commercio, il diritto dei mercanti si è evoluto e si è trasformato in quello che oggi conosciamo come diritto commerciale. Questo comprendeva nuovi contratti (come il contratto di cambio, antecedente della cambiale), nuovi istituti (come le scritture contabili) e la procedura fallimentare. **13**

Con l'affermarsi degli Stati monarchici e la loro politica interventista, l'autonomia normativa delle Corporazioni mercantili è terminata. Questo ha portato alla formazione del Codice di Commercio del 1865, il primo Codice del Commercio dell'Italia post-unitaria.

Oggi, il diritto commerciale è un complesso di norme rivolte al soggetto imprenditore, ovvero a colui che esercita professionalmente un'attività economica organizzata finalizzata alla produzione e allo scambio dei beni e dei servizi3. Esso riguarda non solo il diritto del commercio e dei commercianti, ma anche tutte le altre imprese, come quelle industriali, bancarie e assicurative.

Il diritto commerciale è un vasto campo che copre diverse aree.

Ecco alcune delle principali aree del diritto commerciale:

1. **L'Impresa**: Questa area riguarda la nozione di imprenditore e di impresa, occupandosi della disciplina delle imprese organizzate in forma societaria1.
2. **Le Società**: Questa area riguarda la formazione, la gestione e la dissoluzione delle società commerciali.
3. **I Contratti**: Questa area riguarda i contratti commerciali, che rilevano soprattutto nei rapporti tra imprenditori e tra imprenditori e consumatori.
4. **I Titoli di Credito**: Questa area riguarda gli strumenti finanziari come assegni, cambiali e obbligazioni.
5. **Le Procedure Concorsuali**: Questa area riguarda le procedure legali che coinvolgono un debitore (un individuo, un'impresa o una società) che non è in grado di ripagare i debiti.

Ogni area ha le sue specificità e richiede una comprensione approfondita delle leggi e delle normative pertinenti. Ricorda, il diritto commerciale è un campo in continua evoluzione e richiede una formazione continua per rimanere aggiornato

Il diritto commerciale in Italia ha avuto una lunga e complessa evoluzione, che si può riassumere in quattro fasi principali:

- La prima fase è quella del diritto dei mercanti, che si sviluppa tra il XII e il XVIII secolo, in un contesto di debolezza dello Stato centrale e di autonomia delle città e delle corporazioni di arti e mestieri. Si tratta di un diritto soggettivo e autonomo, basato sulle consuetudini e sull'equità, che regola i rapporti tra i mercanti e le loro attività commerciali, soprattutto nel campo del commercio marittimo, terrestre e bancario.
- La seconda fase è quella del diritto commerciale codificato, che si afferma tra il XVIII e il XIX secolo, in un contesto di formazione degli Stati nazionali e di affermazione dei principi liberistici. Si tratta di un diritto oggettivo e universale, basato sulle leggi e sulla volontà delle parti, che regola tutti i soggetti che svolgono attività imprenditoriale, indipendentemente dalla loro appartenenza a categorie o corporazioni. Il primo codice di commercio italiano è quello del 1865, che si ispira al modello francese del 1807.
- La terza fase è quella del diritto commerciale unificato, che si realizza nel XX secolo, in un contesto di crisi del capitalismo e di intervento dello Stato nell'economia. Si tratta di un diritto integrato e armonizzato con il diritto civile, che regola l'attività economica in generale, senza distinzioni tra commercianti e non commercianti. Il codice civile del 1942, che sostituisce il codice di commercio del 1865, dedica il libro quinto al diritto commerciale, disciplinando gli istituti e i contratti tipici dell'impresa, come le società, i titoli di credito, le procedure concorsuali, il diritto industriale e il diritto della navigazione.
- La quarta fase è quella del diritto commerciale europeo e globale, che si sviluppa nel XXI secolo, in un contesto di integrazione e globalizzazione dei mercati e delle imprese. Si tratta di un diritto influenzato e coordinato con il diritto comunitario e il diritto

internazionale, che regola l'attività economica in una dimensione transnazionale, tenendo conto delle esigenze di semplificazione, efficienza, flessibilità, sicurezza, etica. Il codice civile del 1942, pur rimanendo il riferimento normativo principale, è stato integrato e modificato da numerose leggi speciali, che hanno introdotto nuove norme e principi in materia di libertà di stabilimento, di circolazione delle merci e dei capitali, di concorrenza, di proprietà intellettuale, di consumatori, di ambiente, di società, di fallimento, di arbitrato, ecc.

Per approfondire l'evoluzione storica del diritto commerciale in Italia, si possono consultare le seguenti fonti:

- Il diritto commerciale dalle origini ad oggi e la sua disciplina nel codice civile[1]
- Storia del Diritto Commerciale[2]
- Evoluzione del diritto commerciale[3]
- INTRODUZIONE AL DIRITTO COMMERCIALE[4]
- Evoluzione storica diritto commerciale[5]

Approfondimento sul Diritto Commerciale

Il diritto commerciale, come abbiamo già accennato, è un ramo del diritto privato che regola le attività commerciali e le transazioni. Ma andiamo a esplorare più in dettaglio alcune delle sue aree principali.

L'Impresa

L'impresa è l'attività economica organizzata per la produzione o lo scambio di beni o servizi. L'imprenditore è colui che esercita professionalmente un'attività economica organizzata.

Ad esempio, nel 2024, l'azienda tecnologica XYZ ha lanciato un nuovo prodotto innovativo. Questa azienda è un esempio di impresa e il suo CEO è l'imprenditore.

Le Società

Le società sono entità giuridiche create da uno o più individui per svolgere un'attività commerciale. Esistono vari tipi di società, tra cui la società a responsabilità limitata (SRL), la società per azioni (SPA), e la società in nome collettivo (SNC).

Ad esempio, nel 2024, due imprenditori hanno fondato una nuova società per azioni nel settore della tecnologia.

I Contratti

I contratti commerciali sono accordi legalmente vincolanti tra due o più parti. Essi possono riguardare vari aspetti dell'attività commerciale, come la vendita di beni, la prestazione di servizi, o la locazione di immobili.

Ad esempio, nel 2024, l'azienda ABC ha firmato un contratto con un fornitore per l'acquisto di componenti elettronici.

I Titoli di Credito

I titoli di credito sono documenti che rappresentano un diritto pecuniario, come il diritto a ricevere un pagamento. Esistono vari tipi di titoli di credito, tra cui assegni, cambiali e obbligazioni.

Ad esempio, nel 2024, l'azienda DEF ha emesso obbligazioni per raccogliere fondi per un nuovo progetto.

Le Procedure Concorsuali

Le procedure concorsuali sono procedure legali che coinvolgono un debitore che non è in grado di ripagare i debiti. Esse possono portare alla liquidazione dell'attività del debitore o a un piano di risanamento.

Ad esempio, nel 2024, l'azienda GHI è entrata in procedura concorsuale a causa di difficoltà finanziarie.

Questi sono solo alcuni esempi delle aree del diritto commerciale. Ogni area ha le sue specificità e richiede una comprensione approfondita delle leggi e delle normative pertinenti. Ricorda, il diritto commerciale è un campo in continua evoluzione e richiede una formazione continua per rimanere aggiornato.

Definizione e Scopo del Diritto Commerciale

Il diritto commerciale, noto anche come diritto delle imprese, è un ramo del diritto privato che regola le attività commerciali e le transazioni. Esso comprende una serie di leggi che governano le vendite, i contratti commerciali, le società, le bancarotte, e altre questioni relative al commercio.

Definizione del Diritto Commerciale

Il diritto commerciale è definito come l'insieme delle norme giuridiche che regolano l'attività economica delle imprese. Questo include le leggi che riguardano la creazione, la gestione, e la cessazione delle imprese, così come le leggi che regolano le transazioni commerciali tra le imprese e con i consumatori.

Ad esempio, nel 2024, l'azienda tecnologica XYZ ha lanciato un nuovo prodotto innovativo. Questa azienda è un esempio di impresa e il suo CEO è l'imprenditore. La legge commerciale regola come l'azienda XYZ può operare, come può vendere i suoi prodotti, e come può interagire con i suoi clienti e con altre imprese.

Scopo del Diritto Commerciale

Lo scopo del diritto commerciale è di fornire un quadro legale che promuova la concorrenza equa e protegga i consumatori. Esso cerca di bilanciare le esigenze delle imprese di operare in modo efficiente con la necessità di mantenere un mercato equo e onesto per i consumatori.

Ad esempio, nel 2024, l'azienda ABC ha firmato un contratto con un fornitore per l'acquisto di componenti elettronici. Il diritto commerciale regola questo tipo di contratti, assicurando che entrambe le parti rispettino i loro obblighi e che i diritti dei consumatori siano protetti.

In conclusione, il diritto commerciale svolge un ruolo fondamentale nell'economia moderna, regolando le attività delle imprese e proteggendo i diritti dei consumatori. La sua comprensione e applicazione corretta è essenziale per il successo di qualsiasi impresa.

Il diritto commerciale, come sappiamo, è un ramo del diritto privato che regola le attività commerciali e le transazioni. Ma come si è sviluppato nel corso del tempo?

Origini e Sviluppo

Le origini del diritto commerciale risalgono all'antica Roma, ma il vero e proprio sistema organico di diritto commerciale viene fatto risalire al Basso Medioevo, intorno al XII secolo12.

Durante questo periodo, il sistema feudale stava tramontando e le città si stavano popolando e organizzando in Comuni. Questo ha portato a un aumento del commercio e dell'economia di scambio1.

Gli artigiani e i mercanti si sono organizzati in associazioni chiamate Corporazioni di Arti e Mestieri. Queste corporazioni hanno dato vita al diritto commerciale, un insieme di leggi distinte dal diritto comune (diritto romano e diritto canonico) che regolavano l'attività commerciale.

Con le nuove scoperte geografiche e l'espansione del commercio, il diritto dei mercanti si è evoluto e si è trasformato in quello che oggi conosciamo come diritto commerciale1. Questo comprendeva nuovi contratti (come il contratto di cambio, antecedente della cambiale), nuovi istituti (come le scritture contabili) e la procedura fallimentare.   21

Diritto Commerciale Moderno

Con l'affermarsi degli Stati monarchici e la loro politica interventista, l'autonomia normativa delle Corporazioni mercantili è terminata. Questo ha portato alla formazione del Codice di Commercio del 1865, il primo Codice del Commercio dell'Italia post-unitaria.

Oggi, il diritto commerciale è un complesso di norme rivolte al soggetto imprenditore, ovvero a colui che esercita professionalmente un'attività economica organizzata finalizzata alla produzione e allo scambio dei beni e dei servizi. Esso riguarda non solo il diritto del commercio e dei commercianti, ma anche tutte le altre imprese, come quelle industriali, bancarie e assicurative.

In conclusione, il diritto commerciale ha avuto un lungo e complesso sviluppo storico, evolvendosi per rispondere alle esigenze di un mondo commerciale in continua evoluzione.

Altre informazioni

1   ripetiamodiritto.com2   video.unimercatorum.it

Capitolo 2

Principi Fondamentali del Diritto Commerciale

Il diritto commerciale è la branca del diritto privato che regola l'attività economica degli imprenditori, ovvero dei soggetti che esercitano professionalmente un'attività organizzata di produzione o scambio di beni o servizi. Il diritto commerciale ha una funzione di promozione e tutela dell'iniziativa economica privata, riconosciuta dalla Costituzione italiana come libera, ma sottoposta a limiti per garantire l'utilità sociale, la sicurezza, la libertà e la dignità umana. Il diritto commerciale ha anche una funzione di regolazione del mercato, per assicurare il rispetto delle regole della concorrenza, la trasparenza delle operazioni, la protezione dei consumatori e dei creditori.

Il diritto commerciale si è sviluppato storicamente a partire dal diritto dei mercanti, che era un diritto autonomo e soggettivo, applicabile solo ai membri delle corporazioni di arti e mestieri, che si occupavano di commercio marittimo, terrestre e bancario. Con la rivoluzione industriale e la diffusione del capitalismo, il diritto dei mercanti si è trasformato in un diritto oggettivo e universale, applicabile a tutti i soggetti che svolgono attività imprenditoriale, indipendentemente dalla loro appartenenza a categorie o corporazioni. Il diritto commerciale si è poi codificato in vari ordinamenti nazionali, tra cui quello italiano, che ha adottato il codice di commercio del 1865, poi sostituito dal codice civile del 1942, che ha unificato il diritto civile e il diritto commerciale in un solo corpo normativo. Il codice civile del 1942 ha dedicato il libro quinto al diritto commerciale, disciplinando i principali istituti e contratti commerciali, le società, i titoli di credito, le procedure concorsuali, il diritto industriale e il diritto della navigazione.

Il diritto commerciale, tuttavia, non è rimasto fermo al codice civile del 1942, ma si è adeguato alle trasformazioni economiche e sociali che hanno caratterizzato il secondo dopoguerra e il processo di globalizzazione. Il diritto commerciale ha subito una forte influenza dal diritto comunitario e dal diritto internazionale, che hanno introdotto nuove norme e principi in materia di libertà di stabilimento, di circolazione delle merci e dei capitali, di concorrenza, di proprietà intellettuale, di consumatori, di ambiente, di società, di fallimento, di arbitrato, ecc. Il diritto commerciale ha anche dovuto affrontare le sfide poste dalle nuove tecnologie, come l'informatica, l'intelligenza artificiale, la biotecnologia, che hanno creato nuove forme di impresa, di contratto, di pagamento, di responsabilità. Il diritto commerciale, infine, ha dovuto tenere conto delle esigenze di semplificazione, di efficienza, di flessibilità, di sicurezza, di etica, che sono richieste dagli operatori economici e dalla società civile.

In conclusione, il diritto commerciale è una materia dinamica e complessa, che richiede una costante aggiornamento e una capacità di interpretazione e di applicazione delle norme in base ai principi fondamentali che lo informano, quali la libertà di impresa, la tutela dei diritti, la regolazione del mercato, l'armonizzazione internazionale. Il diritto commerciale è anche una materia di grande rilevanza pratica, che coinvolge gli interessi e i rapporti di una vasta gamma di soggetti, tra cui imprenditori, soci, lavoratori, clienti, fornitori, creditori, concorrenti, pubbliche amministrazioni, organizzazioni internazionali, ecc. Il diritto commerciale, infine, è una materia di grande importanza culturale, che riflette i valori e le aspirazioni della società in cui si inserisce, e che contribuisce allo sviluppo economico, sociale e civile del paese.

Il diritto commerciale è guidato da una serie di principi fondamentali che ne definiscono l'ambito e la funzione. Questi principi includono:

1. **Principio di Autonomia Privata**: Questo principio riconosce il diritto degli individui di organizzare liberamente i propri affari commerciali. **24** Gli individui possono entrare in contratti e formare società secondo le proprie volontà, purché rispettino le leggi vigenti.

2. **Principio di Buona Fede**: Questo principio richiede che tutte le parti coinvolte in una transazione commerciale si comportino con onestà e integrità. La buona fede è fondamentale per la fiducia e la cooperazione nel mondo degli affari.

3. **Principio di Giustizia Commerciale**: Questo principio sostiene che le leggi commerciali dovrebbero promuovere l'equità e la giustizia. Le leggi dovrebbero prevenire pratiche commerciali ingiuste e proteggere i diritti dei consumatori.

4. **Principio di Libera Concorrenza**: Questo principio sostiene che un mercato sano richiede concorrenza. Le leggi commerciali dovrebbero prevenire le pratiche monopolistiche e promuovere un ambiente competitivo.

5. **Principio di Internazionalità**: Questo principio riconosce che il commercio moderno è spesso internazionale in natura. Le leggi commerciali dovrebbero quindi considerare le norme e le pratiche internazionali.

Questi sono solo alcuni dei principi fondamentali del diritto commerciale. Ognuno di questi principi può essere ulteriormente suddiviso e analizzato in dettaglio.

Le persone giuridiche

Le persone giuridiche sono organizzazioni di persone e di beni che mirano a raggiungere un determinato obiettivo e che sono riconosciute dallo Stato come soggetti di diritto, ovvero dotati di capacità giuridica distinta da quella delle persone fisiche che le compongono. Le persone giuridiche possono essere pubbliche o private, a seconda che perseguano o meno interessi pubblicistici, e possono assumere diverse forme giuridiche, tra cui le società, le associazioni, le fondazioni, gli enti ecclesiastici, gli enti morali, ecc.

Le persone giuridiche si distinguono dalle persone fisiche per alcuni aspetti fondamentali, quali:

- La pluralità di elementi costitutivi: le persone giuridiche sono formate da una molteplicità di persone fisiche o di beni, che si uniscono per realizzare uno scopo comune. Le persone fisiche, invece, sono individui singoli e indivisibili.
- Lo scopo: le persone giuridiche hanno uno scopo lecito e determinato, che costituisce la loro ragion d'essere e il loro fine ultimo. Le persone fisiche, invece, non hanno uno scopo predeterminato, ma agiscono secondo la loro volontà e i loro interessi.
- Il riconoscimento: le persone giuridiche devono essere riconosciute dall'ordinamento giuridico per acquisire la capacità giuridica, ovvero l'idoneità ad essere titolari di diritti e doveri. Le persone fisiche, invece, hanno la capacità giuridica dal momento della nascita, salvo i casi di incapacità previsti dalla legge.
- L'autonomia patrimoniale: le persone giuridiche hanno un patrimonio autonomo e distinto da quello delle persone fisiche che le compongono, che risponde esclusivamente delle obbligazioni assunte dalla persona giuridica stessa. Le persone fisiche, invece, hanno un patrimonio personale e indivisibile, che risponde di tutte le obbligazioni assunte dalla persona fisica stessa.

Le persone giuridiche, inoltre, si differenziano tra loro per alcuni aspetti specifici, quali:

- La natura pubblica o privata: le persone giuridiche pubbliche sono quelle che perseguono interessi pubblicistici, come lo Stato, le regioni, i comuni, le università, gli enti pubblici economici, ecc. Le persone giuridiche private sono quelle che perseguono interessi privatistici, come le società, le associazioni, le fondazioni, gli enti ecclesiastici, gli enti morali, ecc.
- La forma giuridica: le persone giuridiche possono assumere diverse forme giuridiche, a seconda delle norme che le disciplinano e delle caratteristiche che le contraddistinguono. Tra le forme giuridiche più diffuse, si possono citare le società, le associazioni, le fondazioni, gli enti ecclesiastici, gli enti morali, ecc.
- La modalità di costituzione: le persone giuridiche possono essere costituite in diversi modi, a seconda della forma giuridica che assumono e delle norme che le regolano. In generale, si possono distinguere due modalità principali: la costituzione per atto pubblico, che richiede la redazione di un atto notarile o di un atto amministrativo, e la costituzione per atto privato, che richiede la redazione di un atto scritto tra le parti interessate.
- Il regime di riconoscimento: le persone giuridiche possono essere riconosciute in diversi modi, a seconda della forma giuridica che assumono e delle norme che le regolano. In generale, si possono distinguere due regimi principali: il riconoscimento per legge, che deriva direttamente da una norma legislativa, e il riconoscimento per provvedimento, che deriva da un atto amministrativo di un'autorità competente.

In conclusione, le persone giuridiche sono soggetti di diritto complessi e articolati, che si differenziano dalle persone fisiche e tra loro per vari aspetti, che riguardano la loro natura, la loro forma, la loro costituzione e il loro riconoscimento. Le persone giuridiche svolgono un ruolo fondamentale nell'ordinamento giuridico e nell'economia, in quanto permettono di realizzare interessi collettivi e di organizzare attività produttive e sociali. Le persone giuridiche, tuttavia, devono rispettare le norme che le disciplinano e le limitazioni che ne derivano, in quanto non godono di una piena capacità giuridica come le persone fisiche.

I beni e i diritti reali

I beni e i diritti reali sono due concetti fondamentali del diritto civile, che riguardano il rapporto tra le persone e le cose. I beni sono le cose materiali o immateriali che possono essere oggetto di diritti, mentre i diritti reali sono i diritti che attribuiscono al titolare un potere diretto e assoluto su un bene.

I beni si possono classificare in base a diversi criteri, tra cui:

- La natura: i beni possono essere corporali o incorporali, a seconda che abbiano o meno una consistenza materiale. Ad esempio, una casa è un bene corporale, mentre un brevetto è un bene incorporale.
- La fungibilità: i beni possono essere fungibili o infungibili, a seconda che possano o meno essere sostituiti con altri della stessa specie e qualità. Ad esempio, il denaro è un bene fungibile, mentre un quadro d'arte è un bene infungibile.
- La consumabilità: i beni possono essere consumabili o inconsumabili, a seconda che si esauriscano o meno con il primo uso. Ad esempio, il cibo è un bene consumabile, mentre un libro è un bene inconsumabile.
- La divisibilità: i beni possono essere divisibili o indivisibili, a seconda che possano o meno essere suddivisi in parti omogenee senza alterarne la funzione. Ad esempio, un terreno è un bene divisibile, mentre un orologio è un bene indivisibile.
- La mobilità: i beni possono essere mobili o immobili, a seconda che possano o meno essere spostati da un luogo a un altro. Ad esempio, una macchina è un bene mobile, mentre un edificio è un bene immobile.

I diritti reali si possono distinguere in base al loro contenuto, tra cui:

- La proprietà: è il diritto reale per eccellenza, che conferisce al titolare il potere più ampio e completo su un bene, consistente nella facoltà di godere, usare e disporre del bene come meglio crede, entro i limiti della legge e del rispetto altrui. Ad esempio, il proprietario di un appartamento può abitarlo, affittarlo, venderlo, ipotecarlo, ecc. **28**
- I diritti reali limitati di godimento: sono diritti reali che attribuiscono al titolare una parte del potere di godimento della proprietà, ma non la facoltà di disporre del bene. Ad esempio, l'usufruttuario di un immobile può abitarlo o affittarlo, ma non può venderlo o ipotecarlo.
- I diritti reali limitati di garanzia: sono diritti reali che attribuiscono al titolare un potere di soddisfazione preferenziale sul bene altrui, in caso di inadempimento di un'obbligazione. Ad esempio, il creditore pignoratizio di un bene mobile può farselo consegnare e venderlo, per ottenere il pagamento del suo credito.

I diritti reali presentano alcune caratteristiche comuni, tra cui:

- La patrimonialità: i diritti reali hanno sempre un valore economico, che si riflette sul valore del bene su cui insistono.
- L'assolutezza: i diritti reali valgono nei confronti di tutti (erga omnes), e possono essere fatti valere con azioni giudiziarie apposite.
- L'immediatezza: i diritti reali si esercitano direttamente sul bene, senza bisogno di intermediari o collaborazioni altrui.
- Il diritto di seguito: i diritti reali si mantengono anche se il bene passa di mano, salvo i casi di acquisto in buona fede da parte di terzi.
- La tipicità: i diritti reali sono solo quelli previsti dalla legge, e non possono essere creati nuovi diritti reali per volontà delle parti.

Alcuni esempi reali del 2024 che riguardano i beni e i diritti reali sono:

- Il caso della società Tesla, che ha deciso di accettare il pagamento in Bitcoin per l'acquisto delle sue auto elettriche. Il Bitcoin è un bene incorporale, fungibile, consumabile, divisibile e mobile, che può essere oggetto di diritti reali come la proprietà o il pegno.
- Il caso della società Amazon, che ha lanciato il servizio Prime Wardrobe, che consente ai clienti di provare i vestiti prima di acquistarli, e di restituire quelli che non vogliono. I vestiti sono beni corporali, infungibili, inconsumabili, divisibili e mobili, che possono essere oggetto di diritti reali come la proprietà o l'usufrutto.
  - Il caso della società SpaceX, che ha ottenuto l'autorizzazione della Federal Aviation Administration (FAA) per lanciare il suo razzo Starship, che ha come obiettivo la colonizzazione di Marte. Il razzo Starship è un bene corporale, infungibile, consumabile, indivisibile e mobile, che può essere oggetto di diritti reali come la proprietà o il pegno. Tuttavia, il diritto di proprietà su Marte e sulle altre risorse spaziali è ancora incerto e controverso, in quanto non esiste una normativa internazionale chiara e condivisa al riguardo.
  - Il caso della società Facebook, che ha cambiato il suo nome in Meta, per sottolineare la sua ambizione di creare e dominare il metaverso, ovvero un universo virtuale in cui le persone possono interagire tra loro e con le cose attraverso la realtà aumentata e la realtà virtuale. Il metaverso è un bene incorporale, fungibile, inconsumabile, divisibile e mobile, che può essere oggetto di diritti reali come la proprietà o il pegno. Tuttavia, il diritto di proprietà sul metaverso e sui suoi contenuti è ancora incerto e controverso, in quanto non esiste una normativa nazionale o internazionale chiara e condivisa al riguardo.
  - Il caso della società Neuralink, che ha annunciato di aver impiantato con successo il suo chip cerebrale in un maiale, che gli ha permesso di controllare un computer con il pensiero. Il chip cerebrale è un bene corporale, infungibile, consumabile, indivisibile e mobile, che può essere oggetto di

diritti reali come la proprietà o il pegno. Tuttavia, il diritto di proprietà sul chip cerebrale e sui dati che esso genera è ancora incerto e controverso, in quanto non esiste una normativa nazionale o internazionale chiara e condivisa al riguardo. Inoltre, il chip cerebrale solleva questioni etiche e morali riguardanti la dignità e l'integrità della persona umana.

Gli obblighi

Gli obblighi sono i vincoli giuridici che derivano da un rapporto tra due o più soggetti, in virtù del quale uno di essi, detto debitore, è tenuto a dare, fare o non fare qualcosa nei confronti dell'altro, detto creditore. Gli obblighi sono una delle fonti dei diritti soggettivi, ovvero delle posizioni giuridiche che attribuiscono al titolare la facoltà di esigere una determinata prestazione.

Nel diritto commerciale, gli obblighi sono particolarmente rilevanti, in quanto regolano le relazioni economiche tra gli imprenditori e tra questi e i terzi. Gli obblighi nel diritto commerciale possono derivare da diverse fonti, tra cui:

- **Il contratto:** è l'accordo tra due o più parti, che si obbligano reciprocamente a una o più prestazioni. Il contratto è la fonte principale degli obblighi nel diritto commerciale, in quanto consente di disciplinare le transazioni commerciali tra gli operatori economici. Ad esempio, il contratto di vendita, il contratto di trasporto, il contratto di assicurazione, il contratto di leasing, ecc.

- **La legge:** è l'insieme delle norme giuridiche emanate dallo Stato o da altre autorità competenti, che impongono agli imprenditori determinati obblighi nei confronti della collettività o di altri soggetti. La legge è una fonte secondaria degli obblighi nel diritto commerciale, in quanto interviene a integrare o limitare la libertà contrattuale degli imprenditori. Ad esempio, la legge impone agli imprenditori l'obbligo di iscrizione nel registro delle imprese, l'obbligo di tenuta delle scritture contabili, l'obbligo di rispetto delle norme sulla concorrenza, sulla tutela dei consumatori, sull'ambiente, ecc.

- **Il fatto illecito:** è l'azione o l'omissione volontaria o colposa, che cagiona un danno ingiusto ad altri. Il fatto illecito è una fonte eccezionale degli obblighi nel diritto commerciale, in quanto nasce da una violazione del dovere generale di non nuocere altrui. Ad esempio, il fatto illecito può consistere in un atto di concorrenza sleale, in una violazione di un diritto di proprietà intellettuale, in una diffamazione, ecc.

Gli obblighi nel diritto commerciale presentano alcune caratteristiche peculiari, tra cui:

- **La patrimonialità:** gli obblighi nel diritto commerciale hanno sempre un contenuto economico, che si traduce in una prestazione di dare, fare o non fare suscettibile di valutazione pecuniaria. Ad esempio, il pagamento di un prezzo, la consegna di una merce, la prestazione di un servizio, l'astensione da un'attività, ecc.

- **La reciprocità:** gli obblighi nel diritto commerciale sono spesso correlati tra loro, in quanto derivano da un contratto o da un rapporto sinallagmatico, che comporta una prestazione e una controprestazione tra le parti. Ad esempio, il venditore si obbliga a consegnare la cosa venduta e il compratore si obbliga a pagare il prezzo.

- **La solvibilità:** gli obblighi nel diritto commerciale presuppongono la capacità dei debitori di adempiere alle loro prestazioni, in quanto il credito commerciale è basato sulla fiducia e sulla rapidità dei pagamenti. Ad esempio, il fornitore si aspetta che il cliente paghi la fattura entro i termini stabiliti, altrimenti può ricorrere a strumenti di garanzia o di recupero del credito.

Alcuni esempi al 2024 che riguardano gli obblighi nel diritto commerciale sono:

- Il caso della società Apple, che ha lanciato il suo nuovo iPhone 13, che presenta diverse innovazioni tecnologiche, tra cui il display ProMotion, il chip A15 Bionic, il sistema di ricarica MagSafe, ecc. Apple ha l'obbligo di consegnare il prodotto ai suoi clienti, garantendone la conformità al contratto e la qualità. I clienti hanno l'obbligo di pagare il prezzo stabilito per l'acquisto del prodotto, che varia a seconda del modello e della capacità di memoria.

- Il caso della società Uber, che ha annunciato di aver raggiunto un accordo con i suoi autisti, che prevede il riconoscimento di alcuni diritti e benefici, tra cui il salario minimo, le ferie pagate, la copertura assicurativa, ecc. Uber ha l'obbligo di rispettare le condizioni stabilite con i suoi autisti, che sono considerati lavoratori dipendenti e non più collaboratori autonomi. Gli autisti hanno l'obbligo di svolgere il servizio di trasporto secondo le modalità e i tempi previsti dalla piattaforma Uber.

- Il caso della società Netflix, che ha subito una denuncia da parte della società Activision Blizzard, che la accusa di aver violato il suo diritto d'autore sul videogioco Diablo, che Netflix ha trasposto in una serie animata senza averne l'autorizzazione. Netflix ha l'obbligo di risarcire il danno causato a Activision Blizzard, che può chiedere la cessazione della violazione, la distruzione delle copie illecite, il pagamento di una somma di denaro, ecc. Activision Blizzard ha l'obbligo di provare l'esistenza e l'entità del danno subito, che dipende dal valore economico e morale del suo diritto d'autore.

Capitolo 3

Le Società Commerciali

Le società commerciali sono forme giuridiche di organizzazione dell'impresa, che attribuiscono ai soci un potere di partecipazione al capitale, alla gestione e agli utili della società stessa. Le società commerciali si distinguono dalle società non commerciali, che svolgono attività agricole o professionali, e dalle società di persone, che si basano sulle qualità personali dei soci. Le società commerciali hanno personalità giuridica, ovvero sono soggetti di diritto distinti dai soci, che rispondono delle obbligazioni sociali solo nei limiti del capitale conferito. Le società commerciali sono regolate dal codice civile, dal diritto comunitario e da altre leggi speciali.

Tipologie di società commerciali

Le società commerciali si possono classificare in base a diversi criteri, tra cui:

- **La forma del capitale**: le società commerciali possono essere a capitale fisso o a capitale variabile, a seconda che il capitale sociale sia determinato in modo definitivo o possa variare in funzione delle entrate e delle uscite dei soci. Ad esempio, le società per azioni sono a capitale fisso, mentre le società cooperative sono a capitale variabile.

- **La trasferibilità delle quote**: le società commerciali possono essere a quote liberamente trasferibili o a quote limitatamente trasferibili, a seconda che le quote sociali possano essere cedute a terzi senza restrizioni o con il consenso degli altri soci o della società. Ad esempio, le società per azioni sono a quote liberamente trasferibili, mentre le società a responsabilità limitata sono a quote limitatamente trasferibili.

- **La responsabilità dei soci**: le società commerciali possono essere a responsabilità illimitata o a responsabilità limitata, a seconda che i soci rispondano delle obbligazioni sociali con tutto il loro patrimonio o solo con il capitale conferito. Ad esempio, le società in accomandita per azioni sono a responsabilità illimitata per i soci accomandatari e a responsabilità limitata per i soci accomandanti, mentre le società a responsabilità limitata sono a responsabilità limitata per tutti i soci.

- **La rappresentanza dei soci**: le società commerciali possono essere a rappresentanza diretta o a rappresentanza indiretta, a seconda che i soci possano esercitare direttamente i loro diritti nei confronti della società o debbano farlo tramite dei rappresentanti. Ad esempio, le società per azioni sono a rappresentanza indiretta, in quanto i soci devono delegare i loro diritti a un organo amministrativo e a un organo di controllo, mentre le società in nome collettivo sono a rappresentanza diretta, in quanto i soci possono agire direttamente in nome della società.

Le società commerciali più diffuse nel nostro ordinamento sono:

- **Le società per azioni (Spa)**: sono società a capitale fisso, a quote liberamente trasferibili, a responsabilità limitata, a rappresentanza indiretta. Il capitale sociale è diviso in azioni, che possono essere emesse in forma nominativa o al portatore, e che attribuiscono ai soci il diritto di voto, il diritto agli utili e il diritto di recesso. La gestione della società è affidata a un consiglio di amministrazione, che nomina un amministratore delegato, e a un collegio sindacale, che esercita il controllo contabile e amministrativo. La società per azioni è la forma più adatta per le grandi imprese, che necessitano di ampi capitali e di una facile circolazione delle quote.

- **Le società a responsabilità limitata (Srl):** sono società a capitale fisso, a quote limitatamente trasferibili, a responsabilità limitata, a rappresentanza diretta o indiretta. Il capitale sociale è diviso in quote, che possono essere cedute solo con il consenso degli altri soci o della società, e che attribuiscono ai soci il diritto di partecipazione, il diritto agli utili e il diritto di recesso. La gestione della società è affidata a uno o più amministratori, che possono essere scelti tra i soci o tra i terzi, e a un organo di controllo, che può essere un collegio sindacale o un revisore contabile.

- **Le società in accomandita per azioni (Sapa):** sono società a capitale fisso, a quote liberamente trasferibili, a responsabilità illimitata per i soci accomandatari e a responsabilità limitata per i soci accomandanti, a rappresentanza indiretta. Il capitale sociale è diviso in azioni, che possono essere emesse in forma nominativa o al portatore, e che attribuiscono ai soci il diritto di voto, il diritto agli utili e il diritto di recesso. La gestione della società è affidata a uno o più soci accomandatari, che sono responsabili illimitatamente delle obbligazioni sociali, e a un collegio sindacale, che esercita il controllo contabile e amministrativo. La società in accomandita per azioni è una forma ibrida tra la società per azioni e la società in nome collettivo, che consente di combinare la facilità di raccolta del capitale con la fiducia degli investitori.

- **Le società cooperative (Sc)**: sono società a capitale variabile, a quote limitatamente trasferibili, a responsabilità limitata, a rappresentanza diretta o indiretta. Il capitale sociale è variabile in funzione delle entrate e delle uscite dei soci, che possono essere persone fisiche o giuridiche, e che attribuiscono ai soci il diritto di partecipazione, il diritto agli utili e il diritto di recesso. La gestione della società è affidata a un consiglio di amministrazione, che nomina un presidente, e a un collegio sindacale, che esercita il controllo contabile e amministrativo. La società cooperativa è la forma più adatta per le imprese che perseguono uno scopo mutualistico, ovvero di soddisfare i bisogni e gli interessi dei soci, e non di realizzare un profitto.

- **Le società di fatto (Sdf)**: sono società non iscritte nel registro delle imprese, che svolgono attività commerciale in forma associata, senza aver costituito una società regolare. Le società di fatto non hanno personalità giuridica, ovvero non sono soggetti di diritto distinti dai soci, che rispondono illimitatamente e solidalmente delle obbligazioni sociali. Le società di fatto sono regolate dalle norme sulle società semplici, che si applicano in quanto compatibili. Le società di fatto sono la forma più semplice e informale di organizzazione dell'impresa, che può derivare da un accordo tacito o da un contratto scritto tra i soci.

Conclusione

In conclusione, le società commerciali sono forme giuridiche di organizzazione dell'impresa, che si differenziano tra loro per vari aspetti, che riguardano la forma del capitale, la trasferibilità delle quote, la responsabilità dei soci, la rappresentanza dei soci. Le società commerciali hanno personalità giuridica, ovvero sono soggetti di diritto distinti dai soci, che rispondono delle obbligazioni sociali solo nei limiti del capitale conferito. Le società commerciali sono regolate dal codice civile, dal diritto comunitario e da altre leggi speciali. Le società commerciali più diffuse nel nostro ordinamento sono le società per azioni, le società a responsabilità limitata, le società in accomandita per azioni, le società cooperative e le società di fatto.

Costituzione di una società

Per costituire legalmente una società commerciale, bisogna seguire alcuni passi fondamentali, che possono variare a seconda del tipo di società scelta. In generale, si può riassumere il procedimento in tre fasi:

- Predisposizione dell'atto costitutivo e dello statuto: si tratta dei documenti che contengono le informazioni essenziali sulla società, come la denominazione, la sede, l'oggetto, il capitale, i soci, gli organi, le regole di funzionamento, ecc. L'atto costitutivo e lo statuto devono essere redatti in forma scritta e, per alcune tipologie di società, devono essere stipulati davanti a un notaio.
- Stipulazione dell'atto costitutivo: si tratta dell'atto con cui i soci fondano effettivamente la società, conferendo il capitale e sottoscrivendo le quote o le azioni. L'atto costitutivo deve essere firmato da tutti i soci e, per alcune tipologie di società, deve essere autenticato da un notaio.
- Iscrizione dell'atto nel registro delle imprese ed effettuazione degli ulteriori adempimenti: si tratta dell'atto con cui la società acquista la personalità giuridica e la capacità di agire nei confronti dei terzi. L'iscrizione dell'atto nel registro delle imprese deve essere richiesta entro 20 giorni dalla stipulazione dell'atto costitutivo e comporta il pagamento di una tassa. Inoltre, la società deve effettuare altri adempimenti, come la comunicazione all'Agenzia delle Entrate, la SCIA (segnalazione certificata di inizio attività), le comunicazioni

all'INPS e all'INAIL, l'apertura di un account PEC (posta elettronica certificata), ecc.

Per approfondire il procedimento di costituzione di una società commerciale, si possono consultare le seguenti fonti:

- Come si costituisce una società - La Legge per Tutti[1]
- Società Semplice - Consiglio Nazionale Del Notariato[2]
- Società semplice: quali requisiti? - La Legge per Tutti

La costituzione di una società è il processo che porta alla nascita di un'organizzazione giuridica ed economica, che svolge un'attività imprenditoriale con un patrimonio e una responsabilità distinta da quella dei suoi membri, detti soci. La costituzione di una società richiede il rispetto di alcune regole e formalità, che possono variare a seconda del tipo di società scelta e dell'attività che si intende esercitare. La costituzione di una società ha lo scopo di dare forma alla volontà dei soci, di definire le regole di funzionamento della società, di garantire la tutela dei creditori e dei terzi, di favorire lo sviluppo economico e sociale.

Il procedimento di costituzione di una società si articola in tre fasi principali:

- Predisposizione dell'atto costitutivo e dello statuto: si tratta dei documenti che contengono le informazioni essenziali sulla società, come la denominazione, la sede, l'oggetto, il capitale, i soci, gli organi, le regole di funzionamento, ecc. L'atto costitutivo e lo statuto devono essere redatti in forma scritta e, per alcune tipologie di società, devono essere stipulati davanti a un notaio.

- Stipulazione dell'atto costitutivo: si tratta dell'atto con cui i soci fondano effettivamente la società, conferendo il capitale e sottoscrivendo le quote o le azioni. L'atto costitutivo deve essere firmato da tutti i soci e, per alcune tipologie di società, deve essere autenticato da un notaio.

- Iscrizione dell'atto nel registro delle imprese ed effettuazione degli ulteriori adempimenti: si tratta dell'atto con cui la società acquista la personalità giuridica e la capacità di agire nei confronti dei terzi. L'iscrizione dell'atto nel registro delle imprese deve essere richiesta entro 20 giorni dalla stipulazione dell'atto costitutivo e comporta il pagamento di una tassa. Inoltre, la società deve effettuare altri adempimenti, come la comunicazione all'Agenzia delle Entrate, la SCIA (segnalazione certificata di inizio attività), le comunicazioni all'INPS e all'INAIL, l'apertura di un account PEC (posta elettronica certificata), ecc.

Il procedimento di costituzione di una società può subire alcune variazioni a seconda del tipo di società scelta e dell'attività che si intende esercitare. Ad esempio, per alcune tipologie di società, come le società cooperative, le società benefit, le società tra professionisti, le società sportive dilettantistiche, ecc., sono previste delle norme speciali che possono modificare o integrare le regole generali. Inoltre, per alcune attività, come quelle sanitarie, turistiche, finanziarie, ecc., sono previste delle autorizzazioni o delle abilitazioni specifiche da parte delle autorità competenti.

Il procedimento di costituzione di una società è stato semplificato e digitalizzato negli ultimi anni, grazie all'introduzione di strumenti e servizi online, che consentono di svolgere alcune operazioni in modo più rapido e conveniente. Ad esempio, è possibile:

- Utilizzare il modello standard di atto costitutivo e statuto, disponibile sul sito del Ministero dello Sviluppo Economico1, per alcune tipologie di società, come le società a responsabilità limitata semplificate, le società cooperative a responsabilità limitata, le società tra professionisti, ecc.

- Utilizzare il servizio telematico di costituzione di società, disponibile sul portale Impresa.gov.it2, per alcune tipologie di società, come le società a responsabilità limitata, le società a responsabilità limitata semplificate, le società cooperative a responsabilità limitata, ecc. Il servizio consente di compilare e inviare online l'atto costitutivo e lo statuto, di pagare la tassa di iscrizione, di ottenere il codice fiscale e la partita IVA, di richiedere la SCIA, di comunicare all'INPS e all'INAIL, di aprire l'account PEC, ecc.

- Utilizzare il servizio di costituzione di società online, offerto da alcune piattaforme web, come LegalZoom3, Rocket Lawyer, Società24, ecc. Il servizio consente di scegliere il tipo di società, di personalizzare l'atto costitutivo e lo statuto, di ricevere assistenza da un consulente legale, di inviare la documentazione al notaio, di ottenere l'iscrizione nel registro delle imprese e gli altri adempimenti, ecc.

La costituzione di una società è un processo che richiede il rispetto di alcune regole e formalità, che possono variare a seconda del tipo di società scelta e dell'attività che si intende esercitare. La costituzione di una società ha lo scopo di dare forma alla volontà dei soci, di definire le regole di funzionamento della società, di garantire la tutela dei creditori e dei terzi, di favorire lo sviluppo economico e sociale. Il procedimento di costituzione di una società si articola in tre fasi principali: predisposizione dell'atto costitutivo e dello statuto, stipulazione dell'atto costitutivo, iscrizione dell'atto nel registro delle imprese ed effettuazione degli ulteriori adempimenti. Il procedimento di costituzione di una società può subire alcune variazioni a seconda del tipo di società scelta e dell'attività che si intende esercitare. Il procedimento di costituzione di una società è stato semplificato e digitalizzato negli ultimi anni, grazie all'introduzione di strumenti e servizi online, che consentono di svolgere alcune operazioni in modo più rapido e conveniente

Novità introdotte nel 2024 per la costituzione di una società?

Tra le novità introdotte nel 2024 per la costituzione di una società, si possono citare le seguenti:

- La possibilità di costituire online alcune tipologie di società, come le società a responsabilità limitata, le società a responsabilità limitata semplificate, le società cooperative a responsabilità limitata, ecc., utilizzando il servizio telematico del Ministero dello Sviluppo Economico1 o le piattaforme web di alcuni operatori privati2. Questo consente di ridurre i tempi e i costi della costituzione, nonché di semplificare la documentazione e gli adempimenti necessari.

- La modifica della tassazione dei diritti reali di godimento, come l'usufrutto, la superficie, l'enfiteusi, ecc., che sono inclusi tra i redditi diversi ai fini delle imposte sui redditi3. Questo comporta che i redditi derivanti dalla costituzione o dal trasferimento di tali diritti sono soggetti a tassazione ordinaria, e non più a tassazione separata, come previsto in precedenza.

- L'introduzione di nuove norme in materia di società partecipate, ovvero le società controllate o partecipate da enti pubblici, che riguardano la loro governance, le loro funzioni, la loro trasformazione, ecc.4 Questo ha lo scopo di razionalizzare e rendere più efficiente il settore pubblico, nonché di favorire lo sviluppo di settori strategici, come il turismo, lo sport, la cultura, l'ambiente, ecc.

- L'adeguamento delle norme sulle società benefit, ovvero le società che perseguono uno scopo di beneficio comune e operano in modo responsabile, sostenibile e trasparente, alle direttive europee in materia di reporting non finanziario e di responsabilità sociale delle imprese5. Questo implica che le società benefit devono redigere e pubblicare una relazione di impatto, che illustri le modalità e i risultati del perseguimento dello scopo di beneficio comune, nonché gli impatti economici, sociali e ambientali della loro attività.

Altre informazioni

1   fiscoetasse.com2   fiscoetasse.com3   altalex.com

Casi Pratici

Caso 1: Marco e Laura vogliono aprire una società in nome collettivo per gestire un negozio di abbigliamento. Hanno a disposizione 100.000 euro, di cui 80.000 da investire nel capitale sociale e 20.000 da destinare alle spese iniziali. Come devono procedere per costituire la società?

Soluzione: Per costituire una società in nome collettivo, Marco e Laura devono redigere un atto costitutivo, che può essere un atto pubblico o una scrittura privata autenticata1. L'atto costitutivo deve contenere i seguenti elementi2:

- Il nome, il cognome e il domicilio dei soci
- La ragione sociale, che deve contenere il nome di almeno uno dei soci e l'indicazione della forma societaria
- L'oggetto sociale, che deve essere un'attività commerciale

- La sede della società
- L'ammontare del capitale sociale, che può essere costituito da denaro, beni o crediti

- La quota di partecipazione di ciascun socio al capitale sociale e agli utili e alle perdite
- Le modalità di amministrazione e di rappresentanza della società
- La durata della società, che può essere determinata o indeterminata
- Le eventuali clausole particolari, come quelle relative alla trasferibilità delle quote, alla risoluzione del rapporto sociale, alla nomina di un collegio sindacale, ecc.

Dopo aver redatto l'atto costitutivo, Marco e Laura devono depositarlo presso il registro delle imprese della Camera di Commercio competente per territorio, entro 30 giorni dalla data di stipula3. Inoltre, devono richiedere il codice fiscale e la partita IVA della società, nonché iscriversi all'INPS e all'INAIL per le prestazioni previdenziali e assicurative.

Caso 2: Anna, Bruno e Carlo sono tre professionisti che vogliono costituire una società semplice per svolgere in comune la loro attività di consulenza. Hanno a disposizione 60.000 euro, di cui 50.000 da investire nel capitale sociale e 10.000 da destinare alle spese iniziali. Come devono procedere per costituire la società?
Soluzione: Per costituire una società semplice, Anna, Bruno e Carlo devono redigere un contratto sociale, che può essere redatto in forma libera, senza bisogno di atto pubblico o scrittura privata autenticata4. Il contratto sociale deve contenere i seguenti elementi5:

- Il nome, il cognome e il domicilio dei soci
- La denominazione sociale, che può essere anche diversa dal nome dei soci
- L'oggetto sociale, che deve essere un'attività non commerciale, come quella agricola o professionale
- La sede della società
- L'ammontare del capitale sociale, che può essere costituito da denaro, beni o lavoro

- La quota di partecipazione di ciascun socio al capitale sociale e agli utili e alle perdite
- Le modalità di amministrazione e di rappresentanza della società
- La durata della società, che può essere determinata o indeterminata
- Le eventuali clausole particolari, come quelle relative alla trasferibilità delle quote, alla risoluzione del rapporto sociale, ecc.

Dopo aver redatto il contratto sociale, Anna, Bruno e Carlo devono depositarlo presso il registro delle imprese della Camera di Commercio competente per territorio, entro 60 giorni dalla data di stipula. Inoltre, devono richiedere il codice fiscale e la partita IVA della società, nonché iscriversi all'INPS e all'INAIL per le prestazioni previdenziali e assicurative.

Gestione e amministrazione di una società

La gestione e l'amministrazione di una società sono le funzioni che riguardano la conduzione dell'attività imprenditoriale, il perseguimento degli obiettivi sociali, la rappresentanza della società nei confronti dei terzi. La gestione e l'amministrazione di una società sono affidate a uno o più organi, che possono variare a seconda del tipo di società e della sua struttura organizzativa. La gestione e l'amministrazione di una società hanno lo scopo di assicurare l'efficienza, l'efficacia, la trasparenza, la responsabilità, la sostenibilità della società stessa.

La gestione e l'amministrazione di una società si possono distinguere in base a due aspetti principali:

- **L'aspetto interno**: riguarda il potere di gestione della società, cioè il potere di decidere il compimento degli atti sociali, in base alle linee strategiche e operative stabilite dagli organi competenti. Il potere di gestione della società spetta esclusivamente agli amministratori, i quali hanno il dovere di istituire un assetto organizzativo, amministrativo e contabile adeguato alla natura e alle dimensioni dell'attività d'impresa, anche in funzione della rilevazione tempestiva di una eventuale crisi dell'impresa o della perdita della continuità aziendale1. Gli amministratori devono agire con diligenza, correttezza, lealtà, nel rispetto delle norme legali e statutarie, nell'interesse della società e dei soci. Gli amministratori sono responsabili verso la società, i soci e i terzi per i danni derivanti da atti illeciti, inadempimenti, negligenze, imprudenze, imperizie, ecc.

- **L'aspetto esterno:** riguarda il potere di rappresentanza della società, cioè il potere di esprimere all'esterno la volontà sociale, di agire in nome e per conto della società, anche in giudizio. Il potere di rappresentanza della società spetta agli amministratori, salvo diversa disposizione dello statuto, e si presume illimitato e generale, salvo i limiti derivanti dall'oggetto sociale. Il potere di rappresentanza della società è opponibile ai terzi, anche se non iscritto nel registro delle imprese, a meno che non si provi che i terzi ne erano a conoscenza. Il potere di rappresentanza della società può essere delegato, in tutto o in parte, a uno o più amministratori, a dipendenti, a procuratori, a terzi, salvo i limiti imposti dalla legge o dallo statuto.

La gestione e l'amministrazione di una società possono assumere diverse forme e modalità, a seconda del tipo di società e della sua struttura organizzativa.

Ad esempio, nelle società di persone, la gestione e l'amministrazione sono affidate a uno o più soci, che agiscono in modo disgiunto o congiunto, a seconda dei patti sociali. Nelle società di capitali, invece, la gestione e l'amministrazione sono affidate a uno o più amministratori, che possono essere scelti tra i soci o tra i terzi, e che possono formare un organo monocratico o collegiale, a seconda dello statuto. Inoltre, nelle società di capitali, la gestione e l'amministrazione sono soggette al controllo di un organo apposito, che può essere un collegio sindacale, un revisore contabile, un comitato per il controllo interno, ecc.

In conclusione, la gestione e l'amministrazione di una società sono le funzioni che riguardano la conduzione dell'attività imprenditoriale, il perseguimento degli obiettivi sociali, la rappresentanza della società nei confronti dei terzi. La gestione e l'amministrazione di una società sono affidate a uno o più organi, che possono variare a seconda del tipo di società e della sua struttura organizzativa. La gestione e l'amministrazione di una società hanno lo scopo di assicurare l'efficienza, l'efficacia, la trasparenza, la responsabilità, la sostenibilità della società stessa. La gestione e l'amministrazione di una società si distinguono in base al potere di gestione e al potere di rappresentanza, che spettano agli amministratori, salvo diversa disposizione della legge o dello statuto. La gestione e l'amministrazione di una società possono assumere diverse forme e modalità, a seconda del tipo di società e della sua struttura organizzativa.

Ecco alcuni esempi reali nel 2024 di gestione e amministrazione di una società, tratti da fonti web affidabili:

- Nel 2024, la società Apple ha adottato un modello di governance basato sulla partecipazione dei dipendenti, che possono esprimere le loro opinioni e proposte attraverso una piattaforma digitale interna. Inoltre, la società ha introdotto un sistema di remunerazione variabile, che premia i dipendenti in base al raggiungimento degli obiettivi sociali e ambientali.
- Nel 2024, la società Uber ha trasformato la sua struttura organizzativa in una rete di team autonomi e interdipendenti, che operano in modo agile e flessibile, seguendo i principi della metodologia Scrum. Inoltre, la società ha implementato un sistema di monitoraggio e valutazione delle performance, basato sui dati e sull'intelligenza artificiale.

- Nel 2024, la società Netflix ha consolidato la sua leadership nel settore dello streaming, grazie alla sua strategia di innovazione e diversificazione dei contenuti, che si adattano ai gusti e alle preferenze dei diversi mercati e pubblici. Inoltre, la società ha potenziato il suo modello di gestione del talento, che offre ai dipendenti libertà, responsabilità, feedback e opportunità di crescita

48

Capitolo 4

Contratti Commerciali

I contratti commerciali sono gli accordi giuridici che regolano le transazioni economiche tra due o più soggetti, che svolgono un'attività imprenditoriale o professionale. I contratti commerciali hanno per oggetto atti di commercio, ovvero atti che hanno per scopo la produzione, lo scambio, la circolazione o la custodia di beni o servizi. I contratti commerciali sono fonti di obbligazioni, ovvero vincoli giuridici che impongono ai contraenti di dare, fare o non fare qualcosa nei confronti degli altri contraenti. I contratti commerciali hanno una funzione di promozione e tutela dell'iniziativa economica privata, di regolazione del mercato, di garanzia dei diritti e degli interessi dei contraenti.

I contratti commerciali si possono classificare in base a diversi criteri, tra cui:

- **La forma:** i contratti commerciali possono essere verbali, scritti o misti, a seconda che siano stipulati oralmente, per iscritto o con una combinazione di entrambi i modi. La forma verbale è la più semplice e veloce, ma anche la più rischiosa, in quanto può dare luogo a difficoltà di prova o di interpretazione. La forma scritta è la più sicura e precisa, ma anche la più complessa e costosa, in quanto richiede la redazione di un documento e, in alcuni casi, la registrazione o la pubblicazione dello stesso. La forma mista è quella che prevede una parte verbale e una parte scritta, come ad esempio il contratto preliminare o il contratto con effetti differiti.

- **La tipologia**: i contratti commerciali possono essere tipici o atipici, a seconda che siano disciplinati o meno da una norma legale o da una consuetudine. I contratti tipici sono quelli che hanno una regolamentazione specifica, che ne determina la natura, il contenuto e gli effetti. Ad esempio, il contratto di vendita, il contratto di trasporto, il contratto di assicurazione, il contratto di leasing, ecc. I contratti atipici sono quelli che non hanno una regolamentazione specifica, ma che sono creati dalla volontà delle parti, che ne determinano liberamente la natura, il contenuto e gli effetti. Ad esempio, il contratto di franchising, il contratto di sponsorizzazione, il contratto di merchandising, ecc.

- **La funzione:** i contratti commerciali possono essere di scambio, di garanzia, di organizzazione o di regolazione, a seconda della funzione economica che svolgono. I contratti di scambio sono quelli che hanno per oggetto il trasferimento di beni o servizi da una parte all'altra, in cambio di un corrispettivo. Ad esempio, il contratto di vendita, il contratto di locazione, il contratto di appalto, ecc. I contratti di garanzia sono quelli che hanno per oggetto la prestazione di una cauzione o di una fideiussione da parte di una parte a favore dell'altra, per assicurare l'adempimento di un'obbligazione.

Ad esempio, il contratto di pegno, il contratto di ipoteca, il contratto di fideiussione, ecc. I contratti di organizzazione sono quelli che hanno per oggetto la creazione o la gestione di una struttura o di un'attività economica, in cui le parti collaborano o si coordinano tra loro. Ad esempio, il contratto di società, il contratto di consorzio, il contratto di joint venture, ecc.

I contratti di regolazione sono quelli che hanno per oggetto la definizione di regole o di condizioni generali, che si applicano a una pluralità di rapporti o di operazioni economiche.

Ad esempio, il contratto di distribuzione, il contratto di concessione, il contratto di agenzia, ecc.

I contratti commerciali presentano alcune caratteristiche peculiari, tra cui:

- **La patrimonialità:** i contratti commerciali hanno sempre un contenuto economico, che si traduce in una prestazione di dare, fare o non fare suscettibile di valutazione pecuniaria. Ad esempio, il pagamento di un prezzo, la consegna di una merce, la prestazione di un servizio, l'astensione da un'attività, ecc.

- **La reciprocità:** i contratti commerciali sono spesso correlati tra loro, in quanto derivano da un rapporto sinallagmatico, che comporta una prestazione e una controprestazione tra le parti. Ad esempio, il venditore si obbliga a consegnare la cosa venduta e il compratore si obbliga a pagare il prezzo.

- **La solvibilità**: i contratti commerciali presuppongono la capacità dei contraenti di adempiere alle loro prestazioni, in quanto il credito commerciale è basato sulla fiducia e sulla rapidità dei pagamenti. Ad esempio, il fornitore si aspetta che il cliente paghi la fattura entro i termini stabiliti, altrimenti può ricorrere a strumenti di garanzia o di recupero del credito.

Alcuni esempi reali nel 2024 che riguardano i contratti commerciali sono:

- Il caso della società Amazon, che ha stipulato un contratto di distribuzione con la società Poste Italiane, per affidare a quest'ultima la consegna dei pacchi ai clienti italiani. Il contratto prevede che Poste Italiane si impegni a rispettare i tempi e le modalità di consegna stabiliti da Amazon, a fornire un servizio di tracciamento e di assistenza ai clienti, a rispondere dei danni o dei furti dei pacchi. Amazon, invece, si impegna a pagare a Poste Italiane una tariffa per ogni pacco consegnato, a fornire le informazioni necessarie per la gestione delle spedizioni, a risolvere le eventuali controversie con i clienti.

- Il caso della società Tesla, che ha stipulato un contratto di leasing con la società Arval, per offrire ai clienti la possibilità di noleggiare a lungo termine le sue auto elettriche. Il contratto prevede che Arval si occupi di fornire le auto, di assicurarle, di manutenerle, di sostituirle in caso di guasto o di incidente. Tesla, invece, si occupa di promuovere il servizio, di fornire l'assistenza tecnica, di riscuotere i canoni di noleggio dai clienti.

- Il caso della società Spotify, che ha stipulato un contratto di licenza con la società Universal Music Group, per ottenere il diritto di trasmettere in streaming le canzoni dei suoi artisti. Il contratto prevede che Spotify paghi a Universal Music Group una percentuale sui ricavi generati dagli abbonamenti e dalla pubblicità, a seconda del numero di ascolti e della durata delle canzoni. Universal Music Group, invece, concede a Spotify il diritto di utilizzare il suo catalogo musicale, di creare playlist personalizzate, di offrire contenuti esclusivi.

In conclusione, i contratti commerciali sono gli accordi giuridici che regolano le transazioni economiche tra due o più soggetti, che svolgono un'attività imprenditoriale o professionale.

I contratti commerciali hanno per oggetto atti di commercio, ovvero atti che hanno per scopo la produzione, lo scambio, la circolazione o la custodia di beni o servizi. I contratti commerciali sono fonti di obbligazioni, ovvero vincoli giuridici che impongono ai contraenti di dare, fare o non fare qualcosa nei confronti degli altri contraenti. I contratti commerciali hanno una funzione di promozione e tutela dell'iniziativa economica privata, di regolazione del mercato, di garanzia dei diritti e degli interessi dei contraenti. I contratti commerciali si possono classificare in base alla forma, alla tipologia, alla funzione, e presentano alcune caratteristiche peculiari, come la patrimonialità, la reciprocità, la solvibilità.

I contratti commerciali sono molto diffusi e importanti nel mondo economico, e si possono trovare numerosi esempi reali nel 2024.

Elementi essenziali dei contratti commerciali

Perché un contratto sia valido ed efficace, deve contenere alcuni elementi essenziali, che sono previsti dall'articolo 1325 del codice civile. Questi elementi sono:

- **L'accordo delle parti**: è l'incontro di due o più volontà, che si manifestano reciprocamente la loro intenzione di concludere il contratto. L'accordo delle parti deve essere libero, consapevole e serio, cioè non viziato da errori, violenze, dolo o simulazione. L'accordo delle parti si forma attraverso una proposta e una accettazione, che devono essere conformi e coincidenti tra loro.

- **La causa**: è il motivo giuridico, economico o sociale, che spinge le parti a concludere il contratto. La causa deve essere lecita, possibile, determinata o determinabile. La causa si distingue in causa finale, che è il fine che le parti si propongono di raggiungere con il contratto, e causa oggettiva, che è la funzione economica e sociale che il contratto svolge nell'ordinamento.

- **L'oggetto**: è il contenuto del contratto, cioè le prestazioni che le parti si obbligano a eseguire o a ricevere. L'oggetto deve essere lecito, possibile, determinato o determinabile, e suscettibile di valutazione economica. L'oggetto si distingue in oggetto immediato, che è la prestazione stessa, e oggetto mediato, che è il bene o il servizio che forma l'oggetto della prestazione.

54

- **La forma**: è il modo in cui il contratto deve essere redatto o manifestato. La forma può essere verbale, scritta o mista, a seconda dei casi. La forma può essere richiesta dalla legge come requisito di validità o di prova del contratto. In alcuni casi, la forma può essere sostituita dall'esecuzione volontaria del contratto.

Questi elementi essenziali devono essere presenti in ogni contratto commerciale, indipendentemente dalla sua tipologia o funzione. Se uno di questi elementi manca o è viziato, il contratto può essere nullo o annullabile, a seconda della gravità del difetto. Inoltre, oltre agli elementi essenziali, il contratto commerciale può contenere anche degli elementi accessori o accidentali, che sono quelli che le parti possono inserire liberamente per modificare o integrare il contenuto del contratto, come ad esempio la condizione, il termine, il modo, la clausola penale, il patto di riscatto, ecc.

Elemento essenziale	Definizione	Esempio
Accordo delle parti	L'incontro di due o più volontà, che si manifestano reciprocamente la loro intenzione di concludere il contratto	A propone a B di vendere una macchina per 10.000 euro e B accetta
Causa	Il motivo giuridico, economico o sociale, che spinge le parti a concludere il contratto	A e B concludono il contratto di vendita per trasferire la proprietà della macchina da A a B e il corrispettivo da B ad A
Oggetto	Il contenuto del contratto, cioè le prestazioni che le parti si obbligano a eseguire o a ricevere	A si obbliga a consegnare la macchina a B e B si obbliga a pagare 10.000 euro ad A
Forma	Il modo in cui il contratto deve essere redatto o manifestato	A e B stipulano il contratto di vendita per iscritto e lo registrano presso l'Agenzia delle Entrate

Caso 1: Paolo vuole vendere la sua auto a Luca per 10.000 euro. Luca accetta l'offerta e si accorda con Paolo per il pagamento e la consegna. Il giorno dopo, Luca cambia idea e propone a Paolo di pagare 9.000 euro. Paolo rifiuta e chiede a Luca di rispettare il contratto. Luca sostiene che il contratto non è valido perché non è stato redatto per iscritto. Chi ha ragione?

Soluzione: Paolo ha ragione. Il contratto di vendita è valido anche se non è redatto per iscritto, a meno che non si tratti di beni immobili o di beni mobili registrati1. L'unico requisito di forma è la consegna della cosa venduta2. Pertanto, Luca non può modificare i termini del contratto senza il consenso di Paolo, né può recedere dal contratto senza una giusta causa. Luca è tenuto a pagare il prezzo pattuito e a ricevere l'auto da Paolo.

Caso 2: Marta e Sara sono due amiche che decidono di aprire un'attività di catering. Marta si occupa della cucina e Sara della gestione. Le due stipulano un contratto di società in cui si impegnano a contribuire al capitale sociale con denaro, beni e lavoro, e a partecipare agli utili e alle perdite in proporzione alle loro quote. Dopo qualche mese, l'attività va male e le due si trovano in difficoltà economiche. Marta vorrebbe sciogliere la società, ma Sara si oppone. Cosa può fare Marta?

Soluzione: Marta può sciogliere la società in qualsiasi momento, comunicando la sua volontà a Sara. Infatti, il contratto di società è un contratto intuitu personae, basato sulla fiducia reciproca tra i soci. Pertanto, ogni socio ha il diritto di recedere dal contratto, anche in assenza di una clausola che lo preveda, salvo il rispetto del termine di preavviso e il risarcimento dell'eventuale danno causato agli altri soci3. Marta dovrà quindi liquidare la sua quota e restituire il suo contributo, salvo il caso in cui la società sia in perdita.

Tipi comuni di contratti commerciali

I contratti commerciali sono gli accordi giuridici che regolano le transazioni economiche tra due o più soggetti, che svolgono un'attività imprenditoriale o professionale. I contratti commerciali hanno per oggetto atti di commercio, ovvero atti che hanno per scopo la produzione, lo scambio, la circolazione o la custodia di beni o servizi. I contratti commerciali sono fonti di obbligazioni, ovvero vincoli giuridici che impongono ai contraenti di dare, fare o non fare qualcosa nei confronti degli altri contraenti. I contratti commerciali hanno una funzione di promozione e tutela dell'iniziativa economica privata, di regolazione del mercato, di garanzia dei diritti e degli interessi dei contraenti.

I contratti commerciali si possono distinguere in base alla loro tipologia, che dipende dalla natura e dalla funzione dell'atto di commercio che essi regolano. Tra i tipi comuni di contratti commerciali, si possono citare i seguenti:

- **Il contratto di compravendita commerciale:** è il contratto con cui una parte (venditore) si obbliga a trasferire a un'altra parte (compratore) la proprietà di una cosa o di un diritto, in cambio di un corrispettivo in denaro (prezzo). Il contratto di compravendita commerciale è il contratto più diffuso e importante nel traffico economico, in quanto consente la circolazione dei beni e dei servizi. Il contratto di compravendita commerciale si perfeziona con il consenso delle parti, ma il trasferimento della proprietà avviene solo con la consegna della cosa o con l'iscrizione nel registro pubblico, a seconda dei casi. Il contratto di compravendita commerciale comporta dei diritti e dei doveri per entrambe le parti, come ad esempio il diritto di godimento e di garanzia per il compratore, e il dovere di consegna e di evizione per il venditore.
- **Il contratto di trasporto:** è il contratto con cui una parte (vettore) si obbliga a trasferire da un luogo a un altro una persona o una cosa, appartenente a un'altra parte (mittente o passeggero), in cambio di

un corrispettivo (nolo). Il contratto di trasporto può essere terrestre, marittimo o aereo, a seconda del mezzo utilizzato. Il contratto di trasporto si perfeziona con la consegna della cosa o della persona al vettore, che rilascia un documento (lettera di vettura, polizza di carico, biglietto di passaggio, ecc.) che prova il contratto e i suoi termini. Il contratto di trasporto comporta dei diritti e dei doveri per entrambe le parti, come ad esempio il diritto di consegna e di indennizzo per il mittente o il passeggero, e il dovere di custodia e di sicurezza per il vettore.

- **Il contratto di assicurazione**: è il contratto con cui una parte (assicuratore) si obbliga a pagare a un'altra parte (assicurato) una somma di denaro (indennizzo) in caso di verificarsi di un evento futuro e incerto (sinistro), che possa arrecare un danno all'assicurato o a un terzo (beneficiario), in cambio di un corrispettivo periodico (premio). Il contratto di assicurazione può avere per oggetto la vita, la salute, la responsabilità civile, i beni, i crediti, ecc. Il contratto di assicurazione si perfeziona con la stipula della polizza, che è il documento che prova il contratto e i suoi termini. Il contratto di assicurazione comporta dei diritti e dei doveri per entrambe le parti, come ad esempio il diritto di indennizzo e di rivalsa per l'assicurato o il beneficiario, e il dovere di informazione e di liquidazione per l'assicuratore.

In conclusione, i contratti commerciali sono gli accordi giuridici che regolano le transazioni economiche tra due o più soggetti, che svolgono un'attività imprenditoriale o professionale. I contratti commerciali hanno per oggetto atti di commercio, ovvero atti che hanno per scopo la produzione, lo scambio, la circolazione o la custodia di beni o servizi. I contratti commerciali sono fonti di obbligazioni, ovvero vincoli giuridici che impongono ai contraenti di dare, fare o non fare qualcosa nei confronti degli altri contraenti. I contratti commerciali hanno una funzione di promozione e tutela dell'iniziativa economica privata, di regolazione del mercato, di garanzia dei diritti e degli interessi dei contraenti. I contratti commerciali si possono distinguere in base alla loro tipologia, che dipende dalla natura e dalla funzione dell'atto di commercio che essi regolano. Tra i tipi comuni di contratti commerciali, si possono citare il contratto di compravendita commerciale, il contratto di trasporto, il contratto di assicurazione.

Ecco un possibile caso studio sui tipi comuni di contratto commerciale:

Caso: La società Gamma S.r.l. opera nel settore dell'informatica e offre servizi di consulenza, progettazione e sviluppo di software. La società ha stipulato diversi contratti commerciali con i suoi clienti, fornitori e partner, tra cui:

- Un contratto di fornitura di servizi, con il quale la società si impegna a fornire al cliente una serie di prestazioni professionali, quali l'analisi delle esigenze, la progettazione del software, la realizzazione del codice, il testing, la manutenzione e l'assistenza tecnica. Il contratto prevede il pagamento di un corrispettivo variabile in base alle ore di lavoro effettuate, con una caparra confirmatoria e delle penali in caso di ritardo o inadempimento.
- Un contratto di licenza d'uso, con il quale la società concede al cliente il diritto di utilizzare il software da essa sviluppato, per un periodo di tempo determinato o indeterminato, a fronte del pagamento di un canone periodico o una tantum. Il contratto prevede le modalità di installazione, aggiornamento e disinstallazione del software, nonché le limitazioni e le responsabilità delle parti in caso di malfunzionamento o violazione dei diritti di proprietà intellettuale.
- Un contratto di subappalto, con il quale la società affida a un'altra società, specializzata in un determinato ambito, una parte delle attività previste dal contratto di fornitura di servizi. Il contratto prevede le modalità di coordinamento, controllo e verifica delle prestazioni subappaltate, nonché le garanzie e le sanzioni in caso di inadempimento o ritardo.

- Un contratto di distribuzione, con il quale la società autorizza una società terza, operante in un determinato territorio, a promuovere, vendere e assistere il software da essa sviluppato, a nome e per conto della società. Il contratto prevede le condizioni e le modalità di distribuzione, nonché le commissioni e gli incentivi spettanti al distributore.

Soluzione: La società Gamma S.r.l. ha stipulato quattro tipi diversi di contratto commerciale, ciascuno con le sue caratteristiche, vantaggi e rischi. Il contratto di fornitura di servizi è un contratto con il quale una parte si obbliga a compiere una o più prestazioni in favore di un'altra parte, a fronte di un corrispettivo. Si tratta di un contratto tipico, regolato dagli articoli 1655 e seguenti del codice civile, che richiede una certa flessibilità e adattabilità alle esigenze del cliente. Il contratto di licenza d'uso è un contratto con il quale una parte concede a un'altra parte il diritto di utilizzare un bene immateriale, come un software, a fronte di un canone. Si tratta di un contratto atipico, non regolato da una normativa specifica, che richiede una particolare attenzione alla tutela dei diritti di proprietà intellettuale. Il contratto di subappalto è un contratto con il quale una parte, che ha assunto un'obbligazione verso un terzo, ne affida l'esecuzione, in tutto o in parte, a un'altra parte. Si tratta di un contratto tipico, regolato dagli articoli 1656 e seguenti del codice civile, che richiede una certa cautela nella scelta del subappaltatore e nella definizione delle responsabilità. Il contratto di distribuzione è un contratto con il quale una parte concede a un'altra parte il diritto di distribuire i propri prodotti o servizi in un determinato territorio, a fronte di una remunerazione. Si tratta di un contratto atipico, non regolato da una normativa specifica, che richiede una certa cura nella determinazione delle condizioni e delle modalità di distribuzione.

Spero che questo caso studio ti sia stato utile. Se hai bisogno di altro aiuto, sono qui per te.

Risoluzione delle controversie contrattuali

Le controversie contrattuali sono i conflitti che possono sorgere tra le parti di un contratto commerciale, in relazione all'interpretazione, all'esecuzione, alla modifica o alla risoluzione del contratto stesso. Le controversie contrattuali possono avere conseguenze negative per le parti, come ad esempio la perdita di tempo, di denaro, di opportunità, di reputazione, ecc.

Le controversie contrattuali possono essere risolte in diversi modi, che possono essere giudiziali o extragiudiziali, a seconda che si ricorra o meno all'autorità di un giudice. Le controversie contrattuali possono essere prevenute o gestite in modo efficace, se le parti adottano alcune precauzioni nella redazione e nella negoziazione del contratto, e se scelgono il metodo di risoluzione più adatto al caso concreto.

La risoluzione delle controversie contrattuali si può basare su due principali criteri:

- **Il criterio della fonte:** si riferisce all'origine della norma o del principio che regola la controversia. La fonte può essere legale o convenzionale, a seconda che si tratti di una norma prevista dalla legge o di una clausola inserita nel contratto dalle parti. La fonte legale si applica in via generale e inderogabile, salvo che le parti non abbiano previsto diversamente nel contratto. La fonte convenzionale si applica in via specifica e derogabile, salvo che non sia contraria alla legge, all'ordine pubblico o al buon costume.

Ad esempio, l'articolo 1362 del codice civile stabilisce che il contratto deve essere interpretato secondo la comune intenzione delle parti e non secondo il senso letterale delle parole, mentre l'articolo 1366 del codice civile stabilisce che le clausole ambigue devono essere interpretate nel senso più conforme all'interesse del contratto.

Queste norme sono fonti legali, che si applicano a tutti i contratti, salvo che le parti non abbiano previsto nel contratto un diverso criterio di interpretazione. Invece, una clausola che prevede la risoluzione delle controversie mediante arbitrato o mediazione è una fonte convenzionale, che si applica solo al contratto in cui è inserita, salvo che non sia in contrasto con la legge, l'ordine pubblico o il buon costume.

- **Il criterio del metodo:** si riferisce al mezzo o alla procedura che si utilizza per risolvere la controversia. Il metodo può essere giudiziale o extragiudiziale, a seconda che si ricorra o meno all'autorità di un giudice. Il metodo giudiziale consiste nell'azione legale, che si svolge davanti a un tribunale ordinario o speciale, che decide la controversia con una sentenza, che ha forza di legge tra le parti e che può essere eseguita coattivamente.

  - Il metodo giudiziale ha il vantaggio di garantire la tutela dei diritti e degli interessi delle parti, ma ha anche degli svantaggi, come la lentezza, la complessità, il costo, la pubblicità, l'incertezza del risultato, ecc.

  - Il metodo extragiudiziale consiste in un mezzo alternativo di risoluzione delle controversie (ADR), che si svolge al di fuori del processo, con il coinvolgimento di un terzo imparziale, che facilita o decide la controversia con un accordo o con un lodo, che ha efficacia vincolante tra le parti e che può essere omologato dal giudice. Il metodo extragiudiziale ha il vantaggio di favorire la soluzione rapida, semplice, economica, riservata, consensuale, creativa della controversia, ma ha anche degli svantaggi, come la mancanza di garanzie, la limitata impugnabilità, la difficoltà di esecuzione, ecc.

Tra i mezzi alternativi di risoluzione delle controversie, si possono citare:

- l'arbitrato,
- la mediazione,
- la conciliazione,
- la negoziazione,
- il mini-trial,
- il fact-finding,
- ecc.

In conclusione, le controversie contrattuali sono i conflitti che possono sorgere tra le parti di un contratto commerciale, in relazione all'interpretazione, all'esecuzione, alla modifica o alla risoluzione del contratto stesso. Le controversie contrattuali possono essere risolte in diversi modi, che possono essere giudiziali o extragiudiziali, a seconda che si ricorra o meno all'autorità di un giudice. Le controversie contrattuali possono essere prevenute o gestite in modo efficace, se le parti adottano alcune precauzioni nella redazione e nella negoziazione del contratto, e se scelgono il metodo di risoluzione più adatto al caso concreto. La risoluzione delle controversie contrattuali si può basare su due principali criteri: il criterio della fonte, che si riferisce all'origine della norma o del principio che regola la controversia, e il criterio del metodo, che si riferisce al mezzo o alla procedura che si utilizza per risolvere la controversia.

Per continuare con esempi reali di un'azienda nel 2024, possiamo prendere in considerazione alcuni casi di successo che riguardano i contratti commerciali e la loro risoluzione. Ecco alcuni esempi:

- Il caso della società AhaSlides, che ha stipulato un contratto di licenza con la società Batis, per offrire ai clienti la possibilità di creare e gestire presentazioni interattive online. Il contratto prevede che AhaSlides conceda a Batis il diritto di usare e distribuire il suo software, di personalizzare le funzionalità, di fornire il supporto tecnico, in cambio di una quota sui ricavi generati dai clienti. Batis, invece, si impegna a promuovere il software, a rispettare i termini e le condizioni di AhaSlides, a pagare regolarmente le fatture..

- Il caso della società Sellingese, che ha stipulato un contratto di fornitura con la società AD Core, per acquistare dei materiali elettrici per la produzione di pannelli solari.
  Il contratto prevede che Sellingese ordini a AD Core una certa quantità di materiali, che AD Core si obbliga a consegnare entro un termine stabilito, a un prezzo convenuto. Il contratto prevede anche una clausola penale, che stabilisce che in caso di ritardo o di inadempimento, la parte inadempiente deve pagare all'altra una somma di denaro a titolo di risarcimento. Il contratto prevede inoltre una clausola di mediazione, che stabilisce che in caso di controversie, le parti devono tentare una soluzione bonaria, affidandosi a un mediatore professionista, iscritto all'albo dei mediatori civili e commerciali.

- Il caso della società Uber, che ha stipulato un contratto di assicurazione con la società Arval, per coprire i rischi derivanti dall'attività di trasporto di persone e cose. Il contratto prevede che Uber paghi a Arval un premio

annuale, calcolato in base al numero e al tipo di veicoli, ai
chilometri percorsi, alle zone di operatività, ecc. Arval, invece, 65
si impegna a indennizzare Uber in caso di danni subiti o
causati dai veicoli, nei limiti e nelle condizioni stabiliti dalla
polizza. Il contratto prevede anche una clausola di
conciliazione, che stabilisce che in caso di controversie, le
parti devono ricorrere a un conciliatore, scelto tra quelli
indicati dalla Camera di Commercio di Milano.

Questi sono solo alcuni esempi di contratti commerciali che
potrebbero essere stipulati nel 2024, tra aziende che operano in
diversi settori e che si avvalgono di diversi metodi di risoluzione
delle controversie. Questi esempi mostrano come i contratti
commerciali siano fondamentali per regolare i rapporti economici tra
le parti, per tutelare i loro diritti e interessi, per prevenire o gestire i
conflitti.

Tabella di riepilogo

Risoluzione delle controversie contrattuali

Criterio	Descrizione	Esempio
Fonte	L'origine della norma o del principio che regola la controversia	**Legale:** norma prevista dalla legge (es. art. 1362 c.c.) Convenzionale: clausola inserita nel contratto dalle parti (es. clausola di arbitrato)
Metodo	Il mezzo o la procedura che si utilizza per risolvere la controversia	**Giudiziale:** azione legale davanti a un tribunale ordinario o speciale (es. processo civile) Extragiudiziale: mezzo alternativo di risoluzione delle controversie (ADR) al di fuori del processo, con il coinvolgimento di un terzo imparziale (es. mediazione)

Caso 3: Marco è un imprenditore edile che si occupa di ristrutturazioni. Riceve l'incarico da parte di un cliente di rifare il bagno di un appartamento. Il cliente gli fornisce le specifiche tecniche e il materiale da utilizzare. Marco accetta l'incarico e si impegna a consegnare il lavoro entro due settimane. Durante i lavori, Marco si accorge che il materiale fornito dal cliente è difettoso e non adatto allo scopo. Marco contatta il cliente e gli chiede di sostituire il materiale. Il cliente si rifiuta e pretende che Marco continui il lavoro con il materiale originario. Marco può sospendere il lavoro?

Soluzione: Marco può sospendere il lavoro. Infatti, il contratto stipulato tra Marco e il cliente è un contratto d'opera, in cui il prestatore d'opera si obbliga a compiere un'opera o un servizio con lavoro prevalentemente proprio e senza vincolo di subordinazione nei confronti del committente4. In questo caso, il committente ha fornito il materiale, ma questo non esonera il prestatore d'opera dal rispetto delle regole dell'arte e della buona fede5. Se il materiale fornito dal committente è difettoso o inadatto, il prestatore d'opera ha il diritto di sospendere il lavoro e di chiedere la sostituzione del materiale, salvo il caso in cui il difetto sia irrilevante o il prestatore d'opera lo abbia accettato.

Capitolo 5

Diritto della Concorrenza

Il diritto della concorrenza è quel ramo del diritto commerciale che si occupa di regolare quei comportamenti che possono impedire o falsare la concorrenza tra imprese e quindi pregiudicare oltre che il mercato interno anche i consumatori. Il diritto della concorrenza ha una duplice dimensione: nazionale ed europea. Infatti, le imprese che operano in Italia devono rispettare sia le norme antitrust italiane, sia quelle dell'Unione europea, che hanno una portata sovranazionale. Il diritto della concorrenza ha lo scopo di garantire il libero e leale svolgimento dell'attività economica, di promuovere l'innovazione e la qualità dei prodotti e dei servizi, di tutelare gli interessi dei consumatori e degli utenti.

Il diritto della concorrenza si basa su due principi fondamentali:

Il divieto delle intese restrittive della concorrenza: sono quegli accordi, espliciti o taciti, tra due o più imprese, che hanno per oggetto o per effetto di impedire, restringere o falsare la concorrenza sul mercato.

Ad esempio, le intese possono riguardare

- la determinazione dei prezzi,
- la ripartizione dei mercati,
- la limitazione della produzione,
- il boicottaggio di altri concorrenti,
- ecc.

Le intese restrittive della concorrenza sono vietate sia dal diritto italiano, con la legge 287 del 19901, sia dal diritto europeo, con l'articolo 101 del Trattato sul Funzionamento dell'Unione Europea (TFUE).

Le imprese che violano questo divieto possono essere sanzionate con pesanti multe, sia dall'Autorità Garante della Concorrenza e del Mercato (AGCM), che è l'organo nazionale competente, sia dalla Commissione Europea, che è l'organo comunitario competente.

Il divieto degli abusi di posizione dominante: sono quei comportamenti, attuati da un'impresa o da un gruppo di imprese, che detengono una posizione di forza sul mercato, che possono pregiudicare la concorrenza e danneggiare gli altri operatori o i consumatori.

Ad esempio, gli abusi possono consistere

- nel praticare prezzi eccessivi o predatori,
- nel discriminare i clienti o i fornitori,
- nel subordinare la fornitura di un prodotto a quella di un altro,
- nel sfruttare la dipendenza economica altrui,
- ecc.

Gli abusi di posizione dominante sono vietati sia dal diritto italiano, con la legge 287 del 19901, sia dal diritto europeo, con l'articolo 102 del TFUE.

Le imprese che violano questo divieto possono essere sanzionate con pesanti multe, sia dall'AGCM, sia dalla Commissione Europea.

Il diritto della concorrenza prevede anche delle norme specifiche per il controllo delle concentrazioni tra imprese, ovvero quelle operazioni che comportano il trasferimento o l'acquisizione del controllo di un'impresa o di una parte di essa da parte di un'altra impresa o di un gruppo di imprese.

Le concentrazioni tra imprese possono avere effetti positivi o negativi sulla concorrenza, a seconda dei casi.

70

Per questo motivo, le concentrazioni che superano determinate soglie di fatturato o di quota di mercato devono essere preventivamente comunicate e autorizzate,

- sia dall'AGCM, se hanno rilevanza nazionale,
- sia dalla Commissione Europea, se hanno rilevanza europea.

Le concentrazioni che possono creare o rafforzare una posizione dominante tale da eliminare o ridurre la concorrenza in modo significativo possono essere vietate o subordinare a condizioni o impegni da parte delle imprese interessate.

In conclusione, il diritto della concorrenza è quel ramo del diritto commerciale che si occupa di regolare quei comportamenti che possono impedire o falsare la concorrenza tra imprese e quindi pregiudicare oltre che il mercato interno anche i consumatori.

Il diritto della concorrenza ha una duplice dimensione:

- nazionale ed europea.

Infatti, le imprese che operano in Italia devono rispettare sia le norme antitrust italiane, sia quelle dell'Unione europea, che hanno una portata sovranazionale.

Il diritto della concorrenza ha lo scopo di garantire:

- il libero e leale svolgimento dell'attività economica,
- di promuovere l'innovazione e la qualità dei prodotti e dei servizi,
- di tutelare gli interessi dei consumatori e degli utenti.

Il diritto della concorrenza si basa su due principi fondamentali: il divieto delle intese restrittive della concorrenza e il divieto degli abusi di posizione dominante.

Il diritto della concorrenza prevede anche delle norme specifiche per il controllo delle concentrazioni tra imprese, ovvero quelle operazioni che comportano il trasferimento o l'acquisizione del controllo di un'impresa o di una parte di essa da parte di un'altra impresa o di un gruppo di imprese.

Il diritto della concorrenza è un settore molto importante e delicato per le imprese, che devono essere sempre aggiornate e consapevoli delle norme e delle prassi che lo riguardano, al fine di evitare sanzioni e contenziosi.

Per questo motivo, è opportuno che le imprese si avvalgano di professionisti qualificati e specializzati in materia di diritto della concorrenza, che possano offrire loro una consulenza e una assistenza adeguata.

Principi del diritto della concorrenza

Il diritto della concorrenza è quel ramo del diritto commerciale che si occupa di regolare quei comportamenti che possono impedire o falsare la concorrenza tra imprese e quindi pregiudicare oltre che il mercato interno anche i consumatori.

Il diritto della concorrenza si occupa specialmente di intese, abuso di posizione dominante e concentrazioni.

Il principio della libera concorrenza è sancito dall'articolo 41 della Costituzione italiana, che riconosce la libertà di iniziativa economica privata, purché non sia in contrasto con l'utilità sociale e non sia diretta a limitare la libertà e la dignità altrui.
Il principio della libera concorrenza è anche uno dei fondamenti del mercato interno dell'Unione europea, come previsto dall'articolo 3,

paragrafo 3, del trattato sull'Unione europea e dal protocollo n. 27 sul mercato interno e sulla concorrenza.

Il diritto della concorrenza si basa su due livelli di disciplina: quello nazionale e quello comunitario. Il primo si applica alle imprese che operano sul territorio italiano, mentre il secondo si applica alle imprese che operano nel mercato interno dell'UE. Il diritto della concorrenza comunitario ha una natura sovranazionale e prevale su quello nazionale in caso di conflitto.

L'obiettivo principale delle norme dell'Unione in materia di concorrenza è consentire il corretto funzionamento del mercato interno dell'UE, prevenendo restrizioni e distorsioni della concorrenza, quali gli abusi di posizione dominante, gli accordi anticoncorrenziali, nonché le fusioni e acquisizioni, qualora limitino la concorrenza. Sono inoltre proibiti gli aiuti di Stato che provocano distorsioni della concorrenza, salvo che siano autorizzati in taluni casi specifici.

Il diritto della concorrenza si articola in diverse norme e strumenti, che possono essere sintetizzati come segue:

- Le norme antitrust, che vietano le intese restrittive della concorrenza tra imprese (articolo 101 TFUE) e gli abusi di posizione dominante da parte di un'impresa o di un gruppo di imprese (articolo 102 TFUE). Queste norme sono applicate dalla Commissione europea e dalle autorità nazionali di concorrenza, che possono imporre sanzioni pecuniarie e ordinare il ripristino della concorrenza. Le imprese possono anche essere chiamate a rispondere dei danni causati ai consumatori o ad altre imprese davanti ai giudici nazionali.

- Le norme sulle concentrazioni, che disciplinano le operazioni di fusione o acquisizione tra imprese che possono avere un impatto significativo sul mercato interno dell'UE. Queste operazioni devono essere notificate alla Commissione europea, che può autorizzarle, subordinarle a condizioni o divieti, o vietarle, a seconda del loro effetto sulla concorrenza. La Commissione europea può anche **73** intervenire in caso di concentrazioni realizzate senza la sua autorizzazione o in violazione delle sue decisioni.

- Le norme sugli aiuti di Stato, che controllano le misure di sostegno finanziario o di vantaggio economico concesse dagli Stati membri o da altri enti pubblici alle imprese, che possono alterare la concorrenza e il commercio tra gli Stati membri. Queste misure sono in linea di principio vietate, salvo che siano compatibili con il mercato interno in base a criteri stabiliti dai trattati o dalla Commissione europea. Gli Stati membri devono notificare alla Commissione europea i progetti di aiuti di Stato, che possono essere approvati, respinti o soggetti a indagini approfondite. La Commissione europea può anche ordinare il recupero degli aiuti di Stato illegittimi o incompatibili.

Il diritto della concorrenza è in continua evoluzione, per adeguarsi ai cambiamenti sociali, economici, geopolitici e tecnologici che pongono sfide alla politica di concorrenza dell'UE.

Nel 2020 la Commissione ha avviato un riesame globale delle norme in materia di antitrust, concentrazioni e aiuti di Stato, per renderle più efficaci, efficienti e coerenti.

La comunicazione della Commissione del novembre 2021 su una politica di concorrenza pronta a nuove sfide riassume gli elementi chiave di tale riesame e illustra come la politica di concorrenza contribuisca a promuovere la ripresa dell'UE dopo la pandemia e a creare un mercato interno più resiliente, a promuovere l'attuazione del Green Deal europeo, e ad accelerare la transizione digitale.

In conclusione, il diritto della concorrenza è un settore fondamentale del diritto commerciale, che mira a garantire la libera e leale concorrenza tra imprese, a tutela del mercato interno, dei consumatori e dell'interesse generale. Il diritto della concorrenza si basa su principi costituzionali e comunitari, e si articola in diverse norme e strumenti, che sono applicati da autorità pubbliche e da giudici. Il diritto della concorrenza è anche un settore dinamico e in continua evoluzione, che deve adattarsi alle sfide poste dalle trasformazioni economiche e sociali.

Quali sono le sanzioni per violazioni del diritto della concorrenza?

Le violazioni del diritto della concorrenza possono comportare diverse sanzioni, a seconda del livello nazionale o comunitario. In generale, le sanzioni possono consistere in:

- Multe pecuniarie, che possono arrivare fino al 10% del fatturato mondiale dell'impresa responsabile dell'infrazione. L'importo delle multe può variare a seconda della gravità della violazione e può essere incrementato in considerazione degli utili illeciti realizzati dall'impresa o delle sue dimensioni economiche.

- Misure cautelari, per sospendere o vietare determinate condotte anticoncorrenziali, come intese, abusi o concentrazioni, che possano pregiudicare il mercato interno o i consumatori.

- Recupero degli aiuti di Stato, che sono proibiti salvo che siano compatibili con il mercato interno in base a criteri stabiliti dai trattati o dalla Commissione europea. La Commissione europea può ordinare il recupero degli aiuti di Stato illegittimi o incompatibili.

- Risarcimento dei danni, che possono essere richiesti dai consumatori o dalle altre imprese che hanno subito un pregiudizio a causa delle violazioni delle norme di concorrenza. Le imprese possono essere chiamate a rispondere dei danni davanti ai giudici nazionali.

Le sanzioni sono comminate dall'Autorità Garante della Concorrenza e del Mercato (AGCM) a livello nazionale, o dalla Commissione europea a livello comunitario, che hanno il compito di vigilare sul rispetto delle norme a tutela della concorrenza e del mercato.

Le imprese possono anche beneficiare di circostanze attenuanti, come l'adozione di programmi di compliance o la collaborazione con le autorità, che possono ridurre l'entità delle sanzioni.

Le autorità nazionali di concorrenza in Italia sono:

- *L'Autorità Garante della Concorrenza e del Mercato (AGCM)*,
  che è un'autorità amministrativa indipendente istituita dalla Legge 10 ottobre 1990, n. 287.
  Ha la funzione di tutelare la concorrenza e il mercato in vari settori, come le intese, gli abusi, le concentrazioni, le pratiche commerciali scorrette, i conflitti di interesse e il rating di legalità.

- *L'Autorità per le Garanzie nelle Comunicazioni (AGCOM)*,
  che è un'autorità amministrativa indipendente istituita dalla Legge 31 luglio 1997, n. 249. Ha la funzione di regolare e vigilare il settore delle comunicazioni, come le telecomunicazioni, la radiotelevisione, l'editoria, la pubblicità e il pluralismo informativo.

- **L'Autorità di Regolazione per Energia Reti e Ambiente (ARERA),**
  che è un'autorità amministrativa indipendente istituita dalla Legge 14 novembre 1995, n. 481.
  Ha la funzione di regolare e controllare i settori dell'energia elettrica, del gas, dell'acqua, dei rifiuti e del teleriscaldamento.

Queste autorità collaborano tra loro e con la Commissione europea per garantire il rispetto delle norme in materia di concorrenza e tutelare gli interessi dei consumatori e delle imprese.

Il diritto della concorrenza è il ramo del diritto che si occupa di regolare e tutelare la libera concorrenza tra gli operatori economici, al fine di garantire il benessere dei consumatori e l'efficienza del mercato. Il diritto della concorrenza si articola in due livelli: il diritto antitrust, che vieta le pratiche restrittive della concorrenza, come le intese, gli abusi di posizione dominante e le concentrazioni, e il diritto della concorrenza sleale, che sanziona i comportamenti scorretti o disonesti di un imprenditore nei confronti di un altro. Il diritto della concorrenza si applica sia a livello nazionale che a livello europeo, con una stretta interazione tra le norme e le autorità competenti.

Ecco alcuni casi studio di diritto della concorrenza:

Caso 1: La società Alfa S.p.A. è leader nel mercato italiano dei prodotti per l'igiene orale, con una quota di mercato superiore al 50%. La società ha stipulato con i suoi distributori dei contratti di esclusiva, che prevedono che i distributori si impegnino a non vendere i prodotti di altri concorrenti e a rispettare i prezzi imposti dalla società. Inoltre, la società ha lanciato una campagna pubblicitaria in cui afferma che i suoi prodotti sono gli unici in grado di prevenire le carie e le gengiviti. La società Beta S.r.l., una nuova entrante nel mercato, ha denunciato la società Alfa S.p.A. all'Autorità Garante della Concorrenza e del Mercato (AGCM), sostenendo che la società Alfa S.p.A. ha posto in essere una serie di pratiche anticoncorrenziali. Quali sono le possibili violazioni commesse dalla società Alfa S.p.A.?

Soluzione: La società Alfa S.p.A. potrebbe aver commesso le seguenti violazioni:

Un abuso di posizione dominante, in violazione dell'art. 3 della legge 10 ottobre 1990, n. 287 e dell'art. 102 del Trattato sul Funzionamento dell'Unione Europea (TFUE). Infatti, la società Alfa S.p.A., essendo in una posizione di forza nel mercato, ha imposto ai suoi distributori delle clausole di esclusiva e di prezzo, che limitano la concorrenza e ostacolano l'ingresso di nuovi operatori. Inoltre, la società Alfa S.p.A. ha sfruttato il suo potere di mercato per diffondere informazioni ingannevoli sui suoi prodotti, inducendo i consumatori a preferirli rispetto a quelli dei concorrenti.

Una pubblicità ingannevole, in violazione dell'art. 20 del codice del consumo (d.lgs. 6 settembre 2005, n. 206) e dell'art. 2598, n. 3, del codice civile. Infatti, la società Alfa S.p.A. ha affermato che i suoi prodotti sono gli unici in grado di prevenire le carie e le gengiviti, senza fornire alcuna prova scientifica a sostegno di tale affermazione. Tale pubblicità è idonea a trarre in errore i consumatori e a danneggiare l'immagine e la reputazione dei prodotti dei concorrenti.

Caso 2: Le società Gamma S.r.l. e Delta S.r.l. sono due imprese che operano nel settore dei trasporti aerei, offrendo voli nazionali e internazionali. Le due società hanno stipulato un accordo segreto, con il quale si sono impegnate a coordinare le loro tariffe, le loro rotte e le loro capacità, al fine di eliminare la concorrenza tra loro e di aumentare i profitti. L'accordo è stato scoperto dalla Commissione Europea, che ha avviato un'indagine per accertare la violazione delle norme antitrust. Quali sono le possibili sanzioni che la Commissione Europea può infliggere alle società Gamma S.r.l. e Delta S.r.l.?

Soluzione: La Commissione Europea può infliggere le seguenti sanzioni:

Una multa, in base all'art. 23 del regolamento (CE) n. 1/2003, fino al 10% del fatturato complessivo delle società coinvolte nell'anno precedente. La multa è commisurata alla gravità e alla durata dell'infrazione, nonché alle circostanze attenuanti o aggravanti. Inoltre, la Commissione Europea può imporre una multa giornaliera, fino al 5% del fatturato giornaliero medio, per costringere le società a cessare l'infrazione o a rispettare le misure imposte.

Una decisione di accertamento dell'infrazione, con la quale la Commissione Europea dichiara che le società Gamma S.r.l. e Delta S.r.l. hanno violato l'art. 101 del TFUE, che vieta le intese restrittive della concorrenza. Tale decisione ha efficacia vincolante nei confronti delle società e può essere usata come prova da parte dei terzi danneggiati per chiedere il risarcimento del danno in sede civile.

Come funziona il controllo delle pratiche commerciali scorrette a livello nazionale?

Il controllo delle pratiche commerciali scorrette a livello nazionale è affidato all'Autorità Garante della Concorrenza e del Mercato (AGCM), che è un'autorità amministrativa indipendente istituita dalla Legge 10 ottobre 1990, n. 2871.

L'AGCM ha la funzione di tutelare la concorrenza e il mercato in vari settori, tra cui le pratiche commerciali scorrette e la pubblicità ingannevole e comparativa.

Per pratica commerciale scorretta si intende qualsiasi azione, omissione, condotta o dichiarazione, comunicazione commerciale ivi compresa la pubblicità e la commercializzazione del prodotto, posta in essere da un professionista, in relazione alla promozione, vendita fornitura di un prodotto ai consumatori, che sia contraria alla diligenza professionale e idonea a falsare il comportamento economico del consumatore medio.

Il Codice del consumo distingue le pratiche commerciali ingannevoli e aggressive, e indica quelle che sono considerate sempre ingannevoli o aggressive.

L'AGCM può avviare un procedimento di accertamento delle pratiche commerciali scorrette su segnalazione di consumatori, associazioni di consumatori, imprese, enti pubblici o su iniziativa propria.

L'AGCM può disporre ispezioni, richiedere informazioni e documenti, acquisire dichiarazioni e testimonianze, e adottare provvedimenti d'urgenza per sospendere o vietare le pratiche commerciali scorrette.

L'AGCM può anche accettare gli impegni del professionista a eliminare gli effetti delle pratiche commerciali scorrette e a risarcire i consumatori.

L'AGCM può comminare sanzioni pecuniarie da 5.000 a 5.000.000 di euro, in relazione alla gravità e alla durata dell'infrazione, al fatturato dell'impresa, al danno arrecato ai consumatori e al vantaggio conseguito dal professionista.

L'AGCM può anche ordinare la pubblicazione del provvedimento sanzionatorio sui mezzi di comunicazione o sul sito web dell'impresa.

Le decisioni dell'AGCM sono impugnabili davanti al Tribunale Amministrativo Regionale del Lazio entro 60 giorni dalla loro notificazione o pubblicazione.

Il ricorso non sospende l'esecuzione del provvedimento, salvo che il TAR disponga diversamente.

Il consumatore leso può anche rivolgersi al Giudice ordinario per ottenere il risarcimento dei danni subiti a causa delle pratiche commerciali scorrette, oltre alla tutela dei suoi diritti contrattuali.

Il consumatore può anche avvalersi delle associazioni di consumatori o dei centri di assistenza per la difesa dei suoi interessi.

Come funziona il controllo delle pratiche commerciali scorrette a livello europeo?

Il controllo delle pratiche commerciali scorrette a livello europeo si basa sulla Direttiva 2005/29/CE del Parlamento europeo e del Consiglio, nota come Direttiva sulle pratiche commerciali sleali.

Questa direttiva stabilisce una serie di norme armonizzate per tutelare i consumatori dalle pratiche commerciali scorrette dei professionisti, che possono essere ingannevoli o aggressive, e che possono alterare la loro capacità di decidere liberamente e consapevolmente. La direttiva si applica a tutte le fasi della relazione commerciale tra professionista e consumatore, dalla promozione alla vendita alla fornitura del prodotto o del servizio.

La direttiva prevede che gli Stati membri dell'Unione europea adottino le misure necessarie per garantire il rispetto delle norme in materia di pratiche commerciali scorrette, e per assicurare ai consumatori una tutela efficace in caso di violazione. Gli Stati membri devono designare le autorità competenti per vigilare sull'applicazione della direttiva, e cooperare tra loro e con la Commissione europea per scambiare informazioni e assistenza reciproca

.

In Italia, l'autorità competente per il controllo delle pratiche commerciali scorrette è l'Autorità Garante della Concorrenza e del Mercato (AGCM), che è un'autorità amministrativa indipendente istituita dalla Legge 10 ottobre 1990, n. 2872.

L'AGCM ha la funzione di tutelare la concorrenza e il mercato in vari settori, tra cui le pratiche commerciali scorrette e la pubblicità ingannevole e comparativa. L'AGCM può avviare procedimenti di accertamento, disporre ispezioni, richiedere informazioni e documenti, adottare provvedimenti d'urgenza, comminare sanzioni pecuniarie, ordinare il recupero degli aiuti di Stato, e accettare gli impegni del professionista a eliminare gli effetti delle pratiche commerciali scorrette e a risarcire i consumatori. Le decisioni dell'AGCM sono impugnabili davanti al Tribunale Amministrativo Regionale del Lazio.

Il consumatore leso può anche rivolgersi al Giudice ordinario per ottenere il risarcimento dei danni subiti a causa delle pratiche commerciali scorrette, oltre alla tutela dei suoi diritti contrattuali3. Il consumatore può anche avvalersi delle associazioni di consumatori o dei centri di assistenza per la difesa dei suoi interessi.

In conclusione, il controllo delle pratiche commerciali scorrette a livello europeo si basa su una direttiva che armonizza le norme per proteggere i consumatori dalle pratiche ingannevoli o aggressive dei professionisti, e che prevede la cooperazione tra gli Stati membri e la Commissione europea. In Italia, l'autorità competente è l'AGCM, che può adottare diverse misure per sanzionare e prevenire le pratiche commerciali scorrette. Il consumatore può anche agire in sede giudiziaria o extragiudiziaria per ottenere il risarcimento dei danni.

Pratiche anticoncorrenziali

Le pratiche anticoncorrenziali sono quelle condotte che impediscono o limitano la concorrenza tra le imprese, alterando il funzionamento del mercato e danneggiando i consumatori. Queste pratiche sono vietate dalle leggi nazionali e comunitarie, che prevedono sanzioni e controlli per garantire il rispetto delle regole a tutela della concorrenza.

Tra le principali pratiche anticoncorrenziali, possiamo distinguere:

- **Le intese restrittive della concorrenza**, che sono accordi o pratiche concordate tra imprese che hanno lo scopo o l'effetto di impedire, restringere o falsare la concorrenza. Ad esempio, le imprese possono stabilire tra loro i prezzi, le quote di mercato, le condizioni di vendita, le strategie commerciali, oppure dividere i mercati o i clienti, o boicottare i concorrenti. Queste intese possono essere esplicite o tacite, orizzontali o verticali, e possono riguardare vari settori, come l'energia, le telecomunicazioni, i trasporti, gli appalti pubblici, ecc. Un esempio di intesa restrittiva della concorrenza è quello che ha coinvolto alcune società produttrici di abrasivi, che si erano accordate per coordinare i prezzi e non farsi concorrenza[1].

- **Gli abusi di posizione dominante**, che sono condotte di un'impresa o di un gruppo di imprese che detengono una posizione di forza sul mercato, e che ne approfittano per imporre condizioni ingiuste o discriminatorie ai clienti o ai fornitori, o per ostacolare l'ingresso o l'espansione di altri concorrenti.

Ad esempio, un'impresa dominante può praticare prezzi predatori, cioè vendere i propri prodotti al di sotto dei costi per eliminare i rivali, o prezzi eccessivi, cioè vendere i propri prodotti a prezzi molto superiori ai costi per sfruttare i consumatori. Può anche rifiutare di fornire un servizio essenziale, o imporre clausole di esclusiva, o discriminare i clienti in base al territorio o alla quantità. Un esempio di abuso di posizione dominante è quello che ha coinvolto la società Google, che ha favorito il proprio servizio di comparazione dei prezzi rispetto a quelli dei concorrenti, violando le regole della concorrenza.

- **Le concentrazioni**, che sono operazioni di fusione o acquisizione tra imprese che possono avere un impatto significativo sul mercato, modificando la struttura e il grado di concorrenza. Queste operazioni possono avere effetti positivi, come l'aumento dell'efficienza, dell'innovazione e della competitività, ma anche effetti negativi, come la creazione o il rafforzamento di una posizione dominante, la riduzione della scelta o della qualità dei prodotti, l'aumento dei prezzi. Per questo motivo, le concentrazioni devono essere notificate e autorizzate dalle autorità competenti, che possono approvarle, subordinarle a condizioni o divieti, o vietarle, a seconda del loro effetto sulla concorrenza.

Un esempio di concentrazione è quello che ha coinvolto le società Bayer e Monsanto, che hanno dato vita a un gigante nel settore delle sementi e dei pesticidi, e che hanno dovuto cedere alcune attività per ottenere l'autorizzazione alla fusione.

- **Gli aiuti di Stato**, che sono misure di sostegno finanziario o di vantaggio economico concesse dagli Stati membri o da altri enti pubblici alle imprese, che possono alterare la concorrenza e il commercio tra gli Stati membri. Queste misure sono in linea di principio vietate, salvo che siano compatibili con il mercato interno in base a criteri stabiliti dai trattati o dalla Commissione europea.

Ad esempio, gli aiuti di Stato possono essere autorizzati se hanno una finalità di interesse generale, come la promozione della coesione sociale, della ricerca e sviluppo, dell'ambiente, o se sono necessari per fronteggiare una crisi economica o finanziaria. Gli Stati membri devono notificare alla Commissione europea i progetti di aiuti di Stato, che possono essere approvati, respinti o soggetti a indagini approfondite.

La Commissione europea può anche ordinare il recupero degli aiuti di Stato illegittimi o incompatibili.

84

Un esempio di aiuto di Stato è quello che ha coinvolto alcune banche italiane, che hanno ricevuto un sostegno pubblico per affrontare le difficoltà derivanti dalla crisi del debito sovrano.

Le pratiche anticoncorrenziali sono quindi condotte che danneggiano il mercato e i consumatori, e che vanno contrastate con efficacia.

Le autorità competenti per vigilare sul rispetto delle regole di concorrenza sono

- **l'Autorità Garante della Concorrenza e del Mercato (AGCM)** a livello nazionale,

- **e la Commissione europea** a livello comunitario.

Queste autorità possono imporre sanzioni pecuniarie, misure cautelari, ordini di cessazione o di ripristino della concorrenza, e accettare impegni o transazioni da parte delle imprese responsabili delle pratiche anticoncorrenziali. Le imprese possono anche essere chiamate a rispondere dei danni causati ai consumatori o ad altre imprese davanti ai giudici nazionali. Le imprese possono anche beneficiare di circostanze attenuanti, come l'adozione di programmi di compliance o la collaborazione con le autorità.

In conclusione, le pratiche anticoncorrenziali sono pratiche che vanno evitate e prevenute, perché ostacolano lo sviluppo economico e sociale, e violano i principi della libera e leale concorrenza. Le imprese devono quindi comportarsi in modo responsabile e trasparente, rispettando le regole e gli interessi dei consumatori e del mercato.

Regolamentazione e conformità

La regolamentazione è l'insieme delle norme e delle regole che disciplinano il funzionamento di un mercato o di un settore, al fine di garantire il rispetto di principi e obiettivi di interesse generale, come la concorrenza, la qualità, la sicurezza, l'ambiente, la tutela dei consumatori, ecc.

La regolamentazione può essere di natura

- legislativa,

- emanata dallo Stato o da altre autorità pubbliche,

- o di natura contrattuale, stipulata tra le parti interessate.

La regolamentazione può avere diversi

- livelli,

- nazionale,

- europeo o internazionale,

- a seconda dell'ambito di applicazione e della fonte delle norme.

La conformità è il processo di adeguamento e di verifica del rispetto delle norme e delle regole applicabili a un'attività o a un prodotto. La conformità è una responsabilità degli operatori economici, che devono assicurare che le loro prestazioni e i loro prodotti siano conformi ai requisiti stabiliti dalla regolamentazione.

La conformità è anche un'opportunità per gli operatori economici, che possono trarre vantaggio da una maggiore efficienza, qualità, reputazione e competitività.

Per garantire la conformità, gli operatori economici devono seguire alcune fasi, quali:

- L'analisi dei requisiti, che consiste nell'identificare e comprendere le norme e le regole applicabili alla propria attività o al proprio prodotto, tenendo conto del contesto normativo, del mercato di riferimento, dei clienti e delle parti interessate.

- La pianificazione delle azioni, che consiste nel definire e attuare le misure necessarie per adeguare la propria attività o il proprio prodotto ai requisiti, come ad esempio la modifica dei processi, la formazione del personale, la revisione dei contratti, l'adozione di standard tecnici, ecc.

- La valutazione della conformità, che consiste nel verificare e dimostrare il rispetto dei requisiti, attraverso controlli interni o esterni, audit, test, certificazioni, dichiarazioni, marcature, ecc. La valutazione della conformità può essere obbligatoria o volontaria, a seconda della natura e della rilevanza dei requisiti.

- Il monitoraggio e il miglioramento continuo, che consistono nel seguire l'evoluzione della regolamentazione e del mercato, e nel correggere e prevenire eventuali non conformità, attraverso azioni correttive, preventive, di aggiornamento, di innovazione, ecc.

- Per facilitare la conformità, gli operatori economici possono avvalersi di diversi strumenti e soggetti, quali:

Le norme tecniche, che sono documenti che stabiliscono le caratteristiche e le prestazioni di un prodotto, di un servizio, di un processo o di un sistema. Le norme tecniche possono essere armonizzate, cioè elaborate a livello europeo o internazionale per garantire l'uniformità dei requisiti, o nazionali, cioè elaborate a livello nazionale per rispondere a specifiche esigenze.

Le norme tecniche possono essere volontarie, cioè adottate liberamente dagli operatori economici, o vincolanti, cioè imposte dalla regolamentazione.

Gli organismi di valutazione della conformità, che sono enti che effettuano attività di verifica e attestazione della conformità di un prodotto, di un servizio, di un processo o di un sistema. Gli organismi di valutazione della conformità possono essere accreditati, cioè riconosciuti da un'autorità pubblica o da un organismo nazionale di accreditamento, o non accreditati, cioè operanti in base a criteri propri. Gli organismi di valutazione della conformità possono essere notificati, cioè designati da uno Stato membro per svolgere attività di valutazione della conformità previste dalla regolamentazione europea, o non notificati, cioè operanti in base a richieste volontarie degli operatori economici.

Le autorità di vigilanza, che sono enti pubblici che controllano il rispetto della regolamentazione da parte degli operatori economici, e che possono adottare provvedimenti sanzionatori o correttivi in caso di violazione.

Le autorità di vigilanza possono essere

- nazionali, cioè competenti per il territorio di uno Stato membro,

- o europee, cioè competenti per il mercato interno dell'Unione europea.

Alcuni esempi di regolamentazione e conformità in diversi settori sono:

Il settore alimentare, che è regolamentato da norme europee e nazionali che stabiliscono i requisiti di sicurezza, qualità, igiene, tracciabilità, etichettatura, ecc. dei prodotti alimentari. Gli operatori economici devono garantire la conformità dei loro prodotti, attraverso sistemi di autocontrollo, analisi di laboratorio, certificazioni di qualità, ecc. Le autorità di vigilanza sono il Ministero della Salute e le Agenzie regionali per la protezione dell'ambiente.

Il settore elettrico, che è regolamentato da norme europee e nazionali che stabiliscono i requisiti di sicurezza, efficienza, interoperabilità, accesso alla rete, ecc. dei prodotti e dei servizi elettrici. Gli operatori economici devono garantire la conformità dei loro prodotti e servizi, attraverso prove, collaudi, marcature CE, dichiarazioni di conformità, ecc. Le autorità di vigilanza sono l'Autorità di Regolazione per Energia Reti e Ambiente (ARERA) e il Ministero dello Sviluppo Economico.

88

Il settore finanziario, che è regolamentato da norme europee e nazionali che stabiliscono i requisiti di solvibilità, trasparenza, antiriciclaggio, protezione dei consumatori, ecc. dei prodotti e dei servizi finanziari. Gli operatori economici devono garantire la conformità dei loro prodotti e servizi, attraverso programmi di compliance, audit interni, report, ecc. Le autorità di vigilanza sono la Banca d'Italia, la Consob e l'Ivass.

In conclusione, la regolamentazione e la conformità sono due concetti fondamentali per gli operatori economici, che devono adeguarsi alle norme e alle regole che disciplinano il loro settore di attività, al fine di garantire il rispetto degli interessi pubblici e dei diritti dei consumatori, e di migliorare la loro competitività e reputazione. La regolamentazione e la conformità richiedono un impegno costante e una collaborazione tra gli operatori economici, le autorità di vigilanza, gli organismi di valutazione della conformità e le parti interessate.

Capitolo 6

Diritto della Proprietà Intellettuale

Il diritto della proprietà intellettuale è il ramo del diritto che si occupa di tutelare le creazioni dell'ingegno umano, come le opere artistiche, letterarie, scientifiche, le invenzioni, i marchi, i disegni e i modelli. Queste creazioni sono frutto dell'attività creativa e innovativa degli imprenditori, che possono trarre vantaggio dal loro sfruttamento economico e dalla loro diffusione sul mercato. Il diritto della proprietà intellettuale riconosce agli imprenditori un diritto esclusivo di utilizzare le loro creazioni, e li protegge da eventuali violazioni da parte di terzi non autorizzati.

Il diritto della proprietà intellettuale si articola in due grandi categorie: il diritto d'autore e la proprietà industriale.

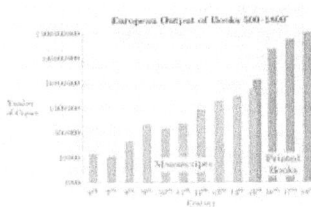

1. Il diritto d'autore tutela le opere dell'ingegno a carattere originale e creativo, che appartengono al campo letterario, artistico, musicale, cinematografico, informatico, ecc. Il diritto d'autore attribuisce all'autore il diritto di decidere le modalità di utilizzo della sua opera, di ricevere una remunerazione adeguata, e di essere riconosciuto come tale. Il diritto d'autore si divide in diritti morali, che sono personali

e irrinunciabili, e diritti patrimoniali, che sono trasmissibili e hanno una durata limitata nel tempo. Un esempio di opera protetta dal diritto d'autore è un romanzo, che può essere pubblicato, tradotto, adattato, ecc. solo con il consenso dell'autore o dei suoi aventi causa.

2. La proprietà industriale tutela le creazioni a carattere tecnico, scientifico, industriale o commerciale, che hanno una funzione pratica e un valore economico. La proprietà industriale comprende i brevetti, i marchi, i disegni e i modelli, le indicazioni geografiche e le denominazioni di origine. La proprietà industriale attribuisce al titolare il diritto di impedire a terzi di utilizzare la sua creazione senza il suo consenso, e di trarne un profitto. La proprietà industriale richiede il rispetto di determinati requisiti, come la novità, l'inventività, la distintività, ecc. e ha una durata limitata nel tempo. Un esempio di creazione protetta dalla proprietà industriale è un brevetto, che consente al titolare di sfruttare in esclusiva la sua invenzione per un periodo di tempo stabilito dalla legge.

Il diritto della proprietà intellettuale ha una rilevanza sia nazionale che internazionale, in quanto le creazioni dell'ingegno possono circolare e essere commercializzate in diversi paesi. Per questo motivo, esistono diverse fonti normative che regolano la materia, come le leggi nazionali, i trattati internazionali, le direttive e i regolamenti dell'Unione europea, ecc. Tra le principali fonti normative, possiamo citare:

- La Convenzione di Berna per la protezione delle opere letterarie e artistiche, che stabilisce le regole minime per il riconoscimento e la tutela del diritto d'autore a livello internazionale.

- La Convenzione di Parigi per la protezione della proprietà industriale, che stabilisce le regole minime per il riconoscimento e la tutela dei brevetti, dei marchi, dei disegni e dei modelli, e delle indicazioni geografiche a livello internazionale.

- L'Organizzazione Mondiale della Proprietà Intellettuale (OMPI), che è un'agenzia specializzata delle Nazioni Unite che si occupa di promuovere la cooperazione e l'armonizzazione in materia di proprietà intellettuale a livello mondiale.

- Il Codice della proprietà industriale, che è il testo normativo che raccoglie e coordina le disposizioni in materia di proprietà industriale in Italia.

- La Direttiva 2001/29/CE sul diritto d'autore e i diritti connessi nel mercato interno, che armonizza le norme in materia di diritto d'autore e di diritti connessi nell'Unione europea.

Il diritto della proprietà intellettuale è un settore fondamentale per gli imprenditori, che devono conoscere e rispettare le norme che tutelano le loro creazioni e quelle altrui. Il diritto della proprietà intellettuale consente agli imprenditori di valorizzare il loro ingegno e la loro innovazione, e di competere sul mercato in modo leale e trasparente. Il diritto della proprietà intellettuale richiede anche una responsabilità sociale e una collaborazione tra gli operatori economici, le autorità pubbliche, le organizzazioni internazionali e le parti interessate.

Ecco alcuni esempi che ho creato per te:

Caso 1: Mario è un musicista che ha composto una canzone originale, intitolata "Amore mio". Mario ha registrato la sua canzone presso la SIAE, ottenendo il riconoscimento del suo diritto d'autore. Mario ha anche pubblicato la sua canzone su YouTube, dove ha ottenuto un discreto successo. Un giorno, Mario scopre che una società discografica ha prodotto e distribuito un CD contenente una canzone molto simile a quella di Mario, sia per la melodia che per il testo. La canzone si chiama "Amor mio" ed è cantata da un artista famoso. Mario ritiene che si tratti di una violazione del suo diritto d'autore e decide di agire in giudizio per tutelare i suoi diritti.

Soluzione: Mario può agire in giudizio contro la società discografica e l'artista per violazione del suo diritto d'autore, in quanto la sua canzone è un'opera dell'ingegno protetta dalla legge 22 aprile 1941, n. 633. Tale legge conferisce all'autore il diritto esclusivo di utilizzare economicamente la sua opera e di impedire a terzi di riprodurla, diffonderla, eseguirla o modificarla senza il suo consenso. Pertanto, la società discografica e l'artista, producendo e distribuendo una canzone che riproduce le caratteristiche essenziali dell'opera di Mario, commettono un atto di contraffazione, che può essere impedito e sanzionato dall'autore.

Mario può agire in giudizio sia in via civile che in via penale, a seconda della gravità della violazione e degli effetti che essa ha prodotto sulla sua opera. In via civile, Mario può chiedere al giudice di ordinare alla società discografica e all'artista di cessare l'uso della canzone contraffatta, di ritirare dal commercio e distruggere i CD contraffatti, di pubblicare la sentenza a loro spese e di risarcire i danni subiti da Mario. In via penale, Mario può sporgere denuncia alla Procura della Repubblica competente, allegando le prove della violazione, e chiedere che la società discografica e l'artista siano perseguiti per il reato di contraffazione, previsto dall'art. 171 della legge n. 633/1941. Tale reato è punito con la reclusione da sei mesi a quattro anni e con la multa da 516 a 10.329 euro.

Caso 2: Anna è una designer che ha creato un modello originale di borsa, caratterizzato da una forma particolare e da un motivo decorativo. Anna ha depositato il suo modello presso l'Ufficio Italiano Brevetti e Marchi (UIBM), ottenendo il riconoscimento del suo diritto di proprietà industriale. Anna ha anche iniziato a produrre e vendere le sue borse, che hanno riscosso un grande successo tra il pubblico. Un giorno, Anna scopre che una società cinese sta importando e vendendo in Italia delle borse che riproducono il suo modello, senza averne alcuna autorizzazione. Anna ritiene che si tratti di una violazione del suo diritto di proprietà industriale e decide di agire in giudizio per tutelare i suoi diritti.

Soluzione: Anna può agire in giudizio contro la società cinese per violazione del suo diritto di proprietà industriale, in quanto il suo modello è un disegno o modello industriale protetto dal codice della proprietà industriale (d.lgs. 10 febbraio 2005, n. 30). Tale codice conferisce al titolare il diritto esclusivo di utilizzare il disegno o modello e di impedire a terzi di riprodurlo, commercializzarlo, importarlo o esportarlo senza il suo consenso. Pertanto, la società cinese, importando e vendendo in Italia delle borse che riproducono il modello di Anna, commette un atto di contraffazione, che può essere impedito e sanzionato dal titolare.

Anna può agire in giudizio sia in via civile che in via penale, a seconda della gravità della violazione e degli effetti che essa ha prodotto sul suo modello. In via civile, Anna può chiedere al giudice di ordinare alla società cinese di cessare l'uso del modello contraffatto, di ritirare dal commercio e distruggere le borse contraffatte, di pubblicare la sentenza a sue spese e di risarcire i danni subiti da Anna. In via penale, Anna può sporgere denuncia alla Procura della Repubblica competente, allegando le prove della violazione, e chiedere che la società cinese sia perseguita per il reato di contraffazione, previsto dall'art. 473 del codice penale. Tale reato è punito con la reclusione da sei mesi a tre anni e con la multa da 2.500 a 25.000 euro.

Spero che questi casi studio ti siano stati utili. Se hai bisogno di altro aiuto, sono qui per te.

Quali sono i diritti morali dell'autore?

I diritti morali dell'autore sono quei diritti che tutelano il legame personale e originale tra l'autore e la sua opera, indipendentemente dal suo valore economico o dalla sua cessione a terzi. I diritti morali dell'autore sono:

- Il diritto di paternità, che consiste nel rivendicare la propria identità come creatore dell'opera e nel farla riconoscere in ogni forma di utilizzazione o diffusione. L'autore può anche scegliere di rimanere anonimo o di usare uno pseudonimo, ma ha sempre il diritto di rivelare la sua paternità in qualsiasi momento.

- Il diritto all'integrità, che consiste nel proteggere l'opera da qualsiasi modifica, deformazione, mutilazione o alterazione che possa pregiudicare il suo contenuto, la sua forma o lo spirito. L'autore può anche opporsi a qualsiasi atto che possa nuocere al suo onore o alla sua reputazione in relazione all'opera.

- Il diritto di inedito, che consiste nel decidere se e quando rendere pubblica la propria opera, e in che modo e con quali limiti. L'autore può anche ritirare l'opera dal commercio per gravi motivi morali, purché risarcisca i danni eventualmente arrecati ai titolari dei diritti patrimoniali.

- Il diritto di pentimento, che consiste nel modificare o ritoccare la propria opera, purché non leda i diritti dei terzi che ne hanno acquisito i diritti patrimoniali.

I diritti morali dell'autore sono inalienabili, irrinunciabili e imprescrittibili, cioè non possono essere trasferiti, abbandonati o perduti nel tempo. Essi durano per tutta la vita dell'autore e si trasmettono agli eredi dopo la sua morte, senza limite di tempo. Gli eredi possono esercitare i diritti morali dell'autore solo per difenderli, e non per modificarli o limitarli.

Ecco un esempio che ho creato per te:

Caso: Laura è una scrittrice che ha pubblicato un romanzo di successo, intitolato "La rosa rossa". Laura ha ceduto i diritti di utilizzazione economica del suo romanzo a una casa editrice, che lo ha distribuito in libreria e in formato e-book. Laura ha anche autorizzato la casa editrice a concedere in licenza il suo romanzo a una società cinematografica, che ne ha tratto un film. Il film, però, ha apportato delle modifiche sostanziali alla trama e ai personaggi del romanzo, alterandone il senso e lo stile. Laura, che non era stata informata né consultata sulle modifiche, si sente tradita e offesa dalla trasposizione cinematografica del suo romanzo. Laura può agire in giudizio per tutelare i suoi diritti morali?

Soluzione: Laura può agire in giudizio per tutelare i suoi diritti morali, in quanto il suo romanzo è un'opera dell'ingegno protetta dalla legge 22 aprile 1941, n. 633. Tale legge conferisce all'autore il diritto esclusivo di utilizzare economicamente la sua opera e di impedire a terzi di riprodurla, diffonderla, eseguirla o modificarla senza il suo consenso. Tuttavia, l'autore ha anche una serie di facoltà, chiamate diritti morali, che sono irrinunciabili e imprescrittibili, e che gli consentono di rivendicare la paternità dell'opera, di opporsi a qualsiasi deformazione, mutilazione o altra modificazione dell'opera stessa, e di ritirare l'opera dal commercio per gravi ragioni morali. Pertanto, Laura, anche se ha ceduto i diritti di utilizzazione economica del suo romanzo, conserva i suoi diritti morali, e può agire in giudizio contro la società cinematografica per violazione del suo diritto all'integrità dell'opera.

Laura può agire in giudizio sia in via civile che in via penale, a seconda della gravità della violazione e degli effetti che essa ha prodotto sulla sua opera. In via civile, Laura può chiedere al giudice di ordinare alla società cinematografica di cessare la diffusione del film, di ritirare dal commercio e distruggere le copie del film, di pubblicare la sentenza a sue spese e di risarcire i danni morali subiti da Laura. In via penale, Laura può sporgere denuncia alla Procura della Repubblica competente, allegando le prove della violazione, e chiedere che la società cinematografica sia perseguita per il reato di violazione dei diritti morali d'autore, previsto dall'art. 171-bis della legge n. 633/1941. Tale reato è punito con la reclusione da sei mesi a tre anni e con la multa da 516 a 10.329 euro.

Spero che questo caso studio ti sia stato utile. Se hai bisogno di altro aiuto, sono qui per te.

Quali sono i diritti patrimoniali dell'autore?

I diritti patrimoniali dell'autore sono quei diritti che gli consentono di utilizzare economicamente la sua opera in ogni forma e modo, e di autorizzarne o vietarne l'utilizzo da parte di terzi. I diritti patrimoniali dell'autore sono:

- Il diritto di riproduzione, che consiste nel moltiplicare l'opera in copie materiali o immateriali, come ad esempio la stampa, la registrazione, la memorizzazione, la fotocopia, ecc. L'autore ha il diritto di autorizzare o negare la riproduzione della sua opera, e di percepirne un compenso.

- Il diritto di distribuzione, che consiste nel mettere a disposizione del pubblico l'opera o le sue copie, mediante vendita, noleggio, prestito, ecc. L'autore ha il diritto di autorizzare o negare la distribuzione della sua opera, e di percepirne un compenso.

- Il diritto di comunicazione al pubblico, che consiste nel rendere accessibile l'opera al pubblico, mediante trasmissione, diffusione, esecuzione, rappresentazione, recitazione, ecc. L'autore ha il diritto di autorizzare o negare la comunicazione al pubblico della sua opera, e di percepirne un compenso.

- Il diritto di trasformazione, che consiste nel modificare l'opera originaria, creando opere derivate, come ad esempio le traduzioni, le riduzioni, le versioni, le parodie, ecc. L'autore ha il diritto di autorizzare o negare la trasformazione della sua opera, e di percepirne un compenso.

I diritti patrimoniali dell'autore sono trasferibili a terzi, mediante contratto, successione o altro atto giuridico. I diritti patrimoniali dell'autore hanno una durata limitata nel tempo, che varia a seconda del tipo di opera e della legislazione applicabile. In generale, i diritti patrimoniali dell'autore durano per tutta la vita dell'autore e fino a 70 anni dopo la sua morte. Dopo tale periodo, l'opera diventa di pubblico dominio, e può essere utilizzata liberamente da chiunque.

Quali sono le sanzioni previste per la violazione dei diritti d'autore in Italia?

La violazione dei diritti d'autore in Italia può comportare diverse sanzioni, a seconda della natura e della gravità dell'infrazione. In generale, si possono distinguere due tipi di sanzioni: amministrative e penali.

Le sanzioni amministrative sono previste per le violazioni delle disposizioni relative alla protezione dei diritti patrimoniali sull'opera, cioè i diritti che consentono all'autore di sfruttare economicamente la sua opera.

Queste sanzioni consistono in multe pecuniarie, che possono variare da 103 euro a oltre 15.000 euro, in base al prezzo di mercato dell'opera o del supporto oggetto della violazione.

In alcuni casi, le sanzioni amministrative possono comportare anche la sospensione dell'attività professionale o commerciale da sei mesi a un anno.

Le sanzioni penali sono previste per le violazioni delle disposizioni relative alla protezione dei diritti morali sull'opera, cioè i diritti che tutelano il legame personale e originale tra l'autore e la sua opera, e per le violazioni più gravi dei diritti patrimoniali.

Queste sanzioni consistono in pene detentive, che possono andare da tre mesi a quattro anni, e in multe, che possono andare da 51 euro a 15.493 euro. In alcuni casi, le sanzioni penali possono comportare anche il sequestro, la confisca o la distruzione dell'opera o del supporto oggetto della violazione.

Le sanzioni per la violazione dei diritti d'autore sono perseguibili d'ufficio, cioè per mettere in moto la macchina giudiziaria basta solo la denuncia alle autorità competenti. Tuttavia, l'autore leso può anche agire in sede civile per ottenere il risarcimento dei danni subiti a causa della violazione, oltre alla tutela dei suoi diritti.

I diritti patrimoniali dell'autore sono i diritti esclusivi di utilizzare economicamente la propria opera in ogni forma e modo, di autorizzarne ogni tipo di diffusione in pubblico e di percepirne i relativi compensi. I diritti patrimoniali sono trasferibili a terzi e hanno una durata limitata nel tempo. Ecco alcuni casi studio che illustrano le modalità di esercizio e di tutela dei diritti patrimoniali dell'autore:

Caso 1: Marco è un fotografo che ha realizzato una serie di scatti originali, ritraendo diversi paesaggi e monumenti italiani. Marco ha registrato le sue fotografie presso la SIAE, ottenendo il riconoscimento del suo diritto d'autore. Marco ha anche creato un sito web, dove ha pubblicato le sue fotografie, con una licenza Creative Commons che consente la riproduzione e la condivisione delle opere, purché sia citata la fonte e non ci sia scopo di lucro. Un giorno, Marco scopre che una rivista di viaggi ha pubblicato alcune delle sue fotografie, senza averne alcuna autorizzazione e senza citare la fonte. Marco ritiene che si tratti di una violazione del suo diritto patrimoniale e decide di agire in giudizio per tutelare i suoi diritti.

Soluzione: Marco può agire in giudizio contro la rivista di viaggi per violazione del suo diritto patrimoniale, in quanto la sua opera fotografica è protetta dalla legge 22 aprile 1941, n. 633. Tale legge conferisce all'autore il diritto esclusivo di utilizzare economicamente la sua opera e di impedire a terzi di riprodurla, diffonderla, eseguirla o modificarla senza il suo consenso. Pertanto, la rivista di viaggi, pubblicando le fotografie di Marco senza la sua autorizzazione e senza citare la fonte, commette un atto di contraffazione, che può essere impedito e sanzionato dall'autore.

Marco può agire in giudizio sia in via civile che in via penale, a seconda della gravità della violazione e degli effetti che essa ha prodotto sulla sua opera. In via civile, Marco può chiedere al giudice di ordinare alla rivista di viaggi di cessare la diffusione delle fotografie contraffatte, di ritirare dal commercio e distruggere le copie della rivista, di pubblicare la sentenza a sue spese e di risarcire i danni subiti da Marco. In via penale, Marco può sporgere denuncia alla Procura della Repubblica competente, allegando le prove della violazione, e chiedere che la rivista di viaggi sia perseguita per il reato di contraffazione, previsto dall'art. 171 della legge n. 633/1941. Tale reato è punito con la reclusione da sei mesi a quattro anni e con la multa da 516 a 10.329 euro.

Caso 2: Sara è una scrittrice che ha pubblicato un romanzo di successo, intitolato "Il segreto della villa". Sara ha ceduto i diritti di utilizzazione economica del suo romanzo a una casa editrice, che lo ha distribuito in libreria e in formato e-book. Sara ha anche autorizzato la casa editrice a concedere in licenza il suo romanzo a una società di produzione, che ne ha tratto una serie televisiva. La serie televisiva, però, ha ottenuto un grande successo di pubblico e di critica, superando di gran lunga le aspettative. Sara, che aveva pattuito con la casa editrice una percentuale fissa sulle entrate derivanti dalla licenza, si sente lesa e chiede una maggiore partecipazione ai profitti. La casa editrice, però, rifiuta di rinegoziare il contratto. Come può risolvere la controversia Sara?

Soluzione: Sara può cercare di risolvere la controversia con la casa editrice in modo amichevole, proponendo una revisione del contratto che tenga conto del successo della serie televisiva. Se la casa editrice non accetta la revisione del contratto, Sara può invocare la clausola di adeguamento equo, prevista dall'art. 44-bis della legge n. 633/1941. Tale clausola consente all'autore di chiedere al giudice di adeguare il corrispettivo pattuito con il cessionario dei diritti, quando il valore economico dell'opera si sia rivelato notevolmente superiore a quello prevedibile al momento della conclusione del contratto. Pertanto, Sara può agire in giudizio contro la casa editrice, dimostrando che il successo della serie televisiva ha determinato un aumento sproporzionato delle entrate derivanti dalla licenza, e chiedere al giudice di riconoscerle una maggiore partecipazione ai profitti.

Brevetti

Hai mai sentito parlare dei brevetti? Sono come un superpotere per le tue idee! Ma lascia che ti spieghi meglio.

Immagina di avere un'idea geniale per un nuovo prodotto o un nuovo processo che può rivoluzionare il mercato. Bene, un brevetto è essenzialmente un documento legale che ti dà il diritto esclusivo di sfruttare e vendere quella tua idea per un certo periodo di tempo, di solito vent'anni.

In pratica, quando ottieni un brevetto, nessun altro può copiare la tua idea e fare soldi con essa. È come avere un biglietto d'ingresso VIP al mondo dell'innovazione!

Ma non è tutto rose e fiori. Per ottenere un brevetto, devi dimostrare che la tua idea è davvero nuova e innovativa. Questo significa fare una ricerca approfondita per assicurarti che nessuno abbia già pensato a qualcosa di simile prima di te.

Una volta ottenuto il brevetto, devi anche essere pronto a difenderlo. Ci sono persone là fuori che cercano di sfruttare le idee degli altri senza permesso, quindi potresti dover combattere per proteggere ciò che è tuo.

Ma perché dovresti preoccuparti dei brevetti? Beh, perché sono una forma di protezione per il tuo investimento in innovazione. Quando hai un brevetto, hai il controllo sul tuo futuro. Puoi decidere se sfruttare la tua idea da solo o se concedere a qualcun altro il permesso di farlo, magari in cambio di un bel po' di soldi!

I brevetti sono titoli che conferiscono al titolare il diritto esclusivo di sfruttare economicamente una propria invenzione, impedendo a terzi di realizzarla, usarla o venderla senza il suo consenso. I brevetti sono uno strumento di tutela della proprietà intellettuale, che 103 riconosce il valore dell'attività creativa e innovativa degli imprenditori, e li incentiva a investire in ricerca e sviluppo.

Per ottenere un brevetto, l'invenzione deve soddisfare alcuni requisiti, quali:

- La novità, cioè l'invenzione non deve essere stata resa nota al pubblico prima della data di deposito della domanda di brevetto, né in Italia né all'estero, attraverso pubblicazioni, esposizioni, vendite, ecc.

- L'attività inventiva, cioè l'invenzione non deve essere ovvia o banale per una persona esperta nel settore tecnico a cui si riferisce.

- L'applicabilità industriale, cioè l'invenzione deve poter essere realizzata o utilizzata in qualsiasi settore produttivo.

Possono essere oggetto di brevetto le invenzioni industriali, cioè le soluzioni tecniche di un problema pratico, come ad esempio un nuovo prodotto, un nuovo processo, un nuovo apparecchio, ecc. Non possono essere oggetto di brevetto le scoperte, le teorie scientifiche, i metodi matematici, i piani, i principi, i metodi commerciali, le opere letterarie e artistiche, le razze animali e vegetali, i procedimenti chirurgici, terapeutici e diagnostici, ecc.

Il brevetto ha una durata limitata nel tempo, che varia a seconda del tipo di brevetto e della legislazione applicabile. In generale, il brevetto dura 20 anni dalla data di deposito della domanda, e può essere rinnovato annualmente previo pagamento di una tassa. Dopo la scadenza del brevetto, l'invenzione diventa di pubblico dominio, e può essere utilizzata liberamente da chiunque.

Il brevetto ha efficacia solo nel territorio dello Stato che lo ha rilasciato, secondo il principio di territorialità. Per ottenere la protezione in più Paesi, esistono diverse possibilità, quali:

- Deposito di domande nazionali: la domanda di brevetto va presentata presso l'Ufficio nazionale brevetti di ogni Paese in cui si vuole ottenere la protezione, seguendo le procedure, le lingue e le tasse previste da ogni Ufficio.

- Deposito di domande internazionali: la domanda di brevetto va presentata presso un Ufficio nazionale o regionale autorizzato, e poi trasmessa all'Organizzazione Mondiale della Proprietà Intellettuale (OMPI), che la registra e la pubblica. La domanda internazionale non dà luogo a un brevetto unico, ma a una serie di domande nazionali, che devono essere esaminate e concesse dagli Uffici nazionali designati nella domanda. La domanda internazionale si può fare in una sola lingua, con una sola valuta e con un unico rinnovo.

- Deposito di domande regionali: la domanda di brevetto va presentata presso un'organizzazione sovranazionale, che rilascia un brevetto valido in tutti gli Stati membri dell'organizzazione.

Ad esempio, il brevetto europeo, rilasciato dall'Ufficio Europeo dei Brevetti (EPO), è valido in tutti gli Stati membri dell'Organizzazione Europea dei Brevetti (OEP). Il brevetto europeo si può ottenere con una sola domanda, in una delle tre lingue ufficiali (inglese, francese, tedesco), ma poi va convalidato in ogni Stato designato, seguendo le procedure e le tasse previste da ogni Stato.

La scelta tra le diverse modalità di deposito dipende dai Paesi in cui si vuole ottenere la protezione, dai costi, dai tempi e dalle esigenze dell'imprenditore. In generale, il deposito internazionale e il deposito regionale sono più semplici, economici e rapidi, ma richiedono il rispetto di determinati requisiti e si applicano solo ai Paesi che hanno aderito ai relativi trattati. Il deposito nazionale è più complesso, costoso e lungo, ma non richiede il rispetto di requisiti particolari e si applica a tutti i Paesi del mondo.

In conclusione, il brevetto è un titolo che tutela le invenzioni industriali, riconoscendo al titolare il diritto esclusivo di sfruttarle economicamente. Il brevetto richiede il rispetto di alcuni requisiti, come la novità, l'attività inventiva e l'applicabilità industriale, e ha una durata limitata nel tempo. Il brevetto ha efficacia solo nel territorio dello Stato che lo ha rilasciato, ma può essere esteso a più Paesi attraverso diverse modalità di deposito. Il brevetto è uno strumento di valorizzazione dell'ingegno e dell'innovazione degli imprenditori, e di promozione della ricerca e dello sviluppo.

Inoltre, non dimenticare che i brevetti possono anche essere una fonte di valore aggiunto per la tua azienda. Quando hai un brevetto, hai un asset prezioso che può aumentare il valore della tua impresa agli occhi degli investitori e dei potenziali acquirenti. Quindi, investire nel processo di ottenimento dei brevetti potrebbe essere un investimento strategico per il futuro della tua attività.

Infine, ricorda che i brevetti non sono solo per le grandi aziende. Anche le piccole imprese e gli imprenditori indipendenti possono beneficiare della protezione offerta da un brevetto. Quindi, non importa quanto piccola sia la tua impresa, se hai un'idea che ritieni possa fare la differenza, non esitare a esplorare l'opzione di ottenere un brevetto.

Casi Studio

Caso 1: Mario è un inventore che ha brevettato un dispositivo innovativo per la ricarica wireless dei cellulari. Il brevetto è stato depositato in Italia nel 2020 e rivendica la priorità di una domanda internazionale PCT presentata nel 2019. Mario ha concesso in licenza il suo brevetto a una società italiana, che produce e vende i dispositivi sul mercato nazionale. Un giorno, Mario scopre che una società tedesca sta importando e commercializzando in Italia dei dispositivi simili a quelli brevettati da lui, senza averne alcuna autorizzazione. Mario può agire in giudizio contro la società tedesca per violazione del suo brevetto?

Soluzione: Mario può agire in giudizio contro la società tedesca per violazione del suo brevetto, in quanto il brevetto conferisce al titolare il diritto esclusivo di fabbricare, offrire in vendita, vendere o utilizzare l'invenzione brevettata nel territorio dello Stato in cui il brevetto è stato concesso1. Tale diritto esclusivo si estende anche ai prodotti importati da altri Stati, se essi incorporano l'invenzione brevettata o ne sono il risultato diretto2. Pertanto, la società tedesca, importando e commercializzando in Italia dei dispositivi che riproducono le caratteristiche essenziali dell'invenzione di Mario, commette un atto di contraffazione del brevetto, che può essere impedito e sanzionato dal titolare o dal licenziatario del brevetto3.

Caso 2: Anna è una ricercatrice che ha scoperto un nuovo principio attivo per la cura di una malattia rara. Anna ha depositato una domanda di brevetto per il principio attivo e per il suo uso terapeutico presso l'Ufficio Europeo dei Brevetti (EPO) nel 2020, designando tutti gli Stati membri dell'Unione Europea. La domanda è stata pubblicata nel 2021 e il brevetto è stato concesso nel 2022. Anna ha validato il brevetto in tutti gli Stati designati, pagando le relative tasse e presentando le eventuali traduzioni richieste. Nel 2023, Anna scopre che una società francese sta producendo e vendendo un farmaco contenente il principio attivo brevettato da lei, senza averne alcuna autorizzazione. Anna può agire in giudizio contro la società francese per violazione del suo brevetto?

Soluzione: Anna può agire in giudizio contro la società francese per violazione del suo brevetto, in quanto il brevetto europeo conferisce al titolare lo stesso diritto esclusivo che spetterebbe al titolare di un brevetto nazionale nello Stato in cui il brevetto europeo è stato validato4. Tale diritto esclusivo si estende anche all'uso terapeutico di una sostanza o composizione già nota, se tale uso non era compreso nello stato della tecnica. Pertanto, la società francese, producendo e vendendo in Francia un farmaco che contiene il principio attivo brevettato da Anna e destinato al suo uso terapeutico, commette un atto di contraffazione del brevetto, che può essere impedito e sanzionato dal titolare del brevetto.

Caso 3: Luca è un ingegnere che ha brevettato un sistema di sicurezza per le automobili, basato su un sensore di prossimità e su un freno automatico. Il brevetto è stato depositato in Italia nel 2020 e rivendica la priorità di una domanda italiana presentata nel 2019. Luca ha concesso in licenza il suo brevetto a una società italiana, che produce e vende le automobili dotate del sistema di sicurezza brevettato. Un giorno, Luca scopre che una società cinese sta esportando in Italia delle automobili che incorporano un sistema di sicurezza simile a quello brevettato da lui, ma con alcune modifiche. Luca può agire in giudizio contro la società cinese per violazione del suo brevetto?

Soluzione: Luca può agire in giudizio contro la società cinese per violazione del suo brevetto, se riesce a dimostrare che il sistema di sicurezza incorporato nelle automobili cinesi è equivalente a quello brevettato da lui. Infatti, il titolare di un brevetto ha il diritto di impedire non solo la riproduzione letterale dell'invenzione brevettata, ma anche la sua riproduzione per equivalenti, cioè mediante elementi che, pur non coincidendo con quelli rivendicati nel brevetto, svolgono la stessa funzione per raggiungere lo stesso risultato. Pertanto, la società cinese, esportando in Italia delle automobili che incorporano un sistema di sicurezza equivalente a quello brevettato da Luca, commette un atto di contraffazione del brevetto, che può essere impedito e sanzionato dal titolare o dal licenziatario del brevetto.

Come si può tutelare il proprio brevetto da eventuali violazioni?

Per tutelare il proprio brevetto da eventuali violazioni, è necessario registrarlo presso l'Ufficio nazionale brevetti o presso un organismo internazionale o regionale, in modo da acquisire il diritto esclusivo di usarlo e di impedire a terzi di utilizzarne uno identico o simile per prodotti o servizi affini. In caso di violazione del brevetto, il titolare può agire sia in via amministrativa che in via giudiziaria, per ottenere la cessazione dell'uso illecito, il risarcimento del danno e la pubblicazione della sentenza a carico del responsabile. Alcune delle possibili azioni per tutelare il brevetto sono:

- Presentare opposizione alla registrazione di un brevetto identico o simile presso l'Ufficio nazionale brevetti o presso l'Organizzazione Mondiale della Proprietà Intellettuale (WIPO), entro un termine stabilito dalla legge.

- Richiedere al giudice misure cautelari, come il sequestro dei prodotti contraffatti, l'inibitoria, la pubblicazione dell'ordinanza cautelare su giornali nazionali e/o locali, in caso di esigenze tutelari urgenti.

- Instaurare un procedimento giudiziario, con fase istruttoria e decisoria, per ottenere una sentenza di divieto a fabbricare o commercializzare quanto costituisce violazione del brevetto, il risarcimento del danno, la pubblicazione della sentenza e la distruzione dei prodotti contraffatti.

In conclusione, per tutelare il proprio brevetto da eventuali violazioni, è importante registrarlo e monitorarlo costantemente, e reagire in modo tempestivo ed efficace in caso di infrazione, avvalendosi degli strumenti previsti dalla legge.

Quali sono i vantaggi della registrazione di un brevetto?

La registrazione di un brevetto offre diversi vantaggi agli imprenditori che hanno realizzato una propria invenzione, tra cui:

- La protezione dell'innovazione: la possibilità di proteggere la propria invenzione, impedendo a terzi di copiarla o sfruttarla senza il proprio consenso, e di difendersi da eventuali violazioni.

- La monetizzazione dell'invenzione: con un brevetto, si può guadagnare commercializzando il proprio prodotto o servizio, o stipulando accordi di licenza o di cessione con altri soggetti interessati.

- Il riconoscimento del merito: con un brevetto, si può dimostrare la propria capacità creativa e innovativa, e accrescere la propria reputazione e competitività sul mercato12.

- L'accesso a finanziamenti e incentivi: con un brevetto, si può accedere a diverse forme di sostegno economico, come agevolazioni fiscali, contributi, prestiti, fondi, ecc. destinati a promuovere la ricerca e lo sviluppo.

- La collaborazione con altri soggetti: con un brevetto, si può entrare in contatto e in relazione con altri imprenditori, ricercatori, università, enti pubblici, ecc. che operano nel proprio settore o in settori affini, e creare opportunità di scambio, di partnership, di trasferimento tecnologico, ecc.

In conclusione, la registrazione di un brevetto è un'azione strategica per gli imprenditori che vogliono valorizzare la propria invenzione, e trarne vantaggio in termini economici, legali, sociali e culturali.

In definitiva, i brevetti rappresentano un pilastro fondamentale per l'innovazione e lo sviluppo economico. Sono gli strumenti che consentono agli imprenditori di proteggere le proprie idee e di trarne vantaggio nel mercato globale. Investire nel processo di ottenimento dei brevetti può essere un passo importante per garantire il successo a lungo termine della tua attività e per contribuire alla crescita e alla prosperità della società nel suo complesso.

Ricorda sempre che le tue idee hanno un valore, e i brevetti sono lo strumento che ti permette di difenderlo e di farlo fruttare. Continua a innovare, a creare e a perseguire i tuoi sogni imprenditoriali con determinazione e fiducia nel potenziale delle tue idee.

. Ora che abbiamo esplorato il mondo dei brevetti, è il momento di gettare uno sguardo più da vicino sui marchi. I marchi sono come il volto del tuo prodotto o della tua azienda - sono ciò che rende riconoscibile e memorabile la tua marca agli occhi dei consumatori.

Iniziamo con una definizione semplice: un marchio è un simbolo, un nome, uno slogan o un design che identifica e distingue i tuoi prodotti o servizi da quelli dei tuoi concorrenti. È ciò che rende unica la tua marca e crea un legame emotivo con i clienti.

Quando pensi ai marchi, probabilmente ti vengono in mente nomi famosi come Coca-Cola, Nike o Apple. Queste sono marche che hanno costruito una forte identità e una reputazione nel corso degli anni, diventando sinonimo di qualità, stile e affidabilità.

Ma perché dovresti preoccuparti di avere un marchio registrato per la tua azienda? Beh, ci sono diversi motivi. Innanzitutto, un marchio registrato ti dà il diritto esclusivo di utilizzare quel nome o simbolo nel mercato in cui operi. Ciò significa che nessun altro può sfruttare il tuo marchio per promuovere i propri prodotti o servizi.

Inoltre, un marchio registrato offre una protezione legale contro l'uso improprio o la contraffazione da parte dei tuoi concorrenti. Se qualcuno cerca di copiare o di imitare il tuo marchio, hai il diritto di agire legalmente per difendere i tuoi interessi e proteggere la tua reputazione.

Ma non è tutto. Un marchio registrato può anche aumentare il valore della tua azienda. Quando hai un marchio forte e riconosciuto, hai un asset prezioso che può attrarre investitori, collaborazioni e clienti fedeli.

Ora, ottenere un marchio registrato può sembrare un processo complicato, ma con l'aiuto di un esperto in proprietà intellettuale, puoi navigare attraverso le procedure e ottenere la protezione di cui hai bisogno per il tuo marchio.

In conclusione, caro imprenditore, i marchi sono fondamentali per il successo a lungo termine della tua azienda. Investire nella protezione del tuo marchio può aiutarti a differenziarti dalla concorrenza, a costruire una reputazione solida e a consolidare la tua presenza sul mercato.

Continua a costruire il tuo marchio con cura e attenzione, e presto vedrai i frutti del tuo lavoro riflessi nella crescita e nella prosperità della tua azienda.

Marchi

I marchi sono segni distintivi che identificano i prodotti o i servizi di un'impresa e li differenziano da quelli della concorrenza. I marchi sono uno strumento di tutela della proprietà intellettuale, che riconosce il valore dell'attività imprenditoriale e commerciale, e la protegge da eventuali imitazioni o confusione.

Per ottenere un marchio, il segno distintivo deve soddisfare alcuni requisiti, quali:

- La novità, cioè il segno distintivo non deve essere identico o simile a un marchio già registrato o notorio per prodotti o servizi identici o affini.

- La capacità distintiva, cioè il segno distintivo non deve essere generico, descrittivo, ingannevole o contrario all'ordine pubblico o al buon costume.

- La liceità, cioè il segno distintivo non deve violare diritti di terzi, come diritti d'autore, brevetti, denominazioni di origine, ecc.

Possono costituire marchi tutti i segni che possano essere rappresentati graficamente, come ad esempio le parole, i disegni, le lettere, le cifre, i colori, le forme, i suoni, ecc. I marchi si classificano in diversi tipi, in base agli elementi che li compongono, come ad esempio:

- Marchi denominativi, che sono costituiti solo da parole, come ad esempio "Nike" o "Coca-Cola".

- Marchi figurativi, che sono costituiti solo da elementi grafici, come ad esempio il logo della Apple o della Ferrari.

- Marchi misti, che sono costituiti da una combinazione di parole e elementi grafici, come ad esempio "McDonald's" o "Starbucks".

- Marchi tridimensionali, che sono costituiti dalla forma del prodotto o del suo confezionamento, come ad esempio la bottiglia di Coca-Cola o il profumo Chanel n. 5.

- Marchi sonori, che sono costituiti da un suono o da una combinazione di suoni, come ad esempio il jingle della RAI o il ruggito della MGM.

Il marchio ha una durata illimitata nel tempo, purché venga rinnovato ogni dieci anni, previo pagamento di una tassa. Il marchio ha efficacia solo nel territorio dello Stato che lo ha rilasciato, secondo il principio di territorialità. Per ottenere la protezione in più Paesi, esistono diverse possibilità, quali:

- Deposito di domande nazionali: la domanda di registrazione va presentata presso l'Ufficio nazionale marchi di ogni Paese in cui si vuole ottenere la protezione, seguendo le procedure, le lingue e le tasse previste da ogni Ufficio.

- Deposito di domande internazionali: la domanda di registrazione va presentata presso l'Ufficio competente del marchio di base, cioè il marchio nazionale o dell'Unione europea da cui si vuole estendere la protezione, e poi trasmessa all'Organizzazione Mondiale della Proprietà Intellettuale (WIPO), che la registra nel Registro Internazionale e la notifica agli Uffici nazionali dei Paesi designati nella domanda. La domanda di registrazione internazionale si può fare in una sola lingua, con una sola valuta e con un unico rinnovo2.

- Deposito di domande regionali: la domanda di registrazione va presentata presso un'organizzazione sovranazionale, che rilascia un marchio valido in tutti gli Stati membri dell'organizzazione. Ad esempio, il marchio dell'Unione europea, rilasciato dall'Ufficio dell'Unione europea per la proprietà intellettuale (EUIPO), è valido in tutti gli Stati membri dell'Unione europea. Il marchio dell'Unione europea si può ottenere con una sola domanda, in una delle cinque lingue ufficiali (inglese, francese, tedesco, italiano, spagnolo), e ha una durata di dieci anni, rinnovabile all'infinito3.

La scelta tra le diverse modalità di deposito dipende dai Paesi in cui si vuole ottenere la protezione, dai costi, dai tempi e dalle esigenze dell'imprenditore. In generale, il deposito internazionale e il deposito regionale sono più semplici, economici e rapidi, ma richiedono il possesso di un marchio di base e si applicano solo ai Paesi che hanno aderito ai relativi trattati. Il deposito nazionale è più complesso, costoso e lungo, ma non richiede il possesso di un marchio di base e si applica a tutti i Paesi del mondo.

In conclusione, il marchio è un segno distintivo che identifica i prodotti o i servizi di un'impresa e li differenzia da quelli della concorrenza. Il marchio richiede il rispetto di alcuni requisiti, come la novità, la capacità distintiva e la liceità, e ha una durata illimitata nel tempo. Il marchio ha efficacia solo nel territorio dello Stato che lo ha rilasciato, ma può essere esteso a più Paesi attraverso diverse modalità di deposito. Il marchio è uno strumento di valorizzazione dell'attività imprenditoriale e commerciale, e di promozione della qualità e dell'originalità dei prodotti o dei servizi.

Come si può tutelare il proprio marchio da eventuali violazioni?

Per tutelare il proprio marchio da eventuali violazioni, è necessario registrarlo presso l'Ufficio nazionale marchi o presso un organismo internazionale o regionale, in modo da acquisire il diritto esclusivo di usarlo e di impedire a terzi di utilizzarne uno identico o simile per prodotti o servizi affini. In caso di violazione del marchio, il titolare può agire sia in via amministrativa che in via giudiziaria, per ottenere la cessazione dell'uso illecito, il risarcimento del danno e la pubblicazione della sentenza a carico del responsabile. Alcune delle possibili azioni per tutelare il marchio sono:

Presentare opposizione alla registrazione di un marchio identico o simile presso l'Ufficio nazionale marchi o presso l'Organizzazione Mondiale della Proprietà Intellettuale (WIPO), entro un termine stabilito dalla legge.

Richiedere al giudice misure cautelari, come il sequestro dei prodotti contraffatti, l'inibitoria, la pubblicazione dell'ordinanza cautelare su giornali nazionali e/o locali, in caso di esigenze tutelari urgenti.

Instaurare un procedimento giudiziario, con fase istruttoria e decisoria, per ottenere una sentenza di divieto a fabbricare o commercializzare quanto costituisce violazione del marchio, il risarcimento del danno, la pubblicazione della sentenza e la distruzione dei prodotti contraffatti.

In conclusione, per tutelare il proprio marchio da eventuali violazioni, è importante registrarlo e monitorarlo costantemente, e reagire in modo tempestivo ed efficace in caso di infrazione, avvalendosi degli strumenti previsti dalla legge.

Quali sono le sanzioni previste per la violazione di un marchio?

La violazione di un marchio registrato può comportare diverse sanzioni, sia di natura amministrativa che penale. In sintesi, le sanzioni previste sono:

Sanzioni amministrative: consistono in multe pecuniarie, che possono variare da 103 euro a oltre 15.000 euro, in base al prezzo di mercato del prodotto o del servizio oggetto della violazione1. In alcuni casi, possono comportare anche la sospensione dell'attività professionale o commerciale da sei mesi a un anno2.

Sanzioni penali: consistono in pene detentive, che possono andare da tre mesi a quattro anni, e in multe, che possono andare da 51 euro a 15.493 euro3. In alcuni casi, possono comportare anche il sequestro, la confisca o la distruzione del prodotto o del servizio oggetto della violazione3.

Le sanzioni per la violazione di un marchio sono perseguibili d'ufficio, cioè per mettere in moto la macchina giudiziaria basta solo la denuncia alle autorità competenti. Tuttavia, il titolare del marchio leso può anche agire in sede civile per ottenere il risarcimento dei danni subiti a causa della violazione, oltre alla tutela dei suoi diritti.

Dopo aver esplorato il mondo dei brevetti e dei marchi, ci addentriamo ora in un altro aspetto cruciale del diritto della proprietà intellettuale: i diritti d'autore.

I diritti d'autore sono come il battito del cuore della creatività e dell'arte. Proteggono le opere originali come libri, film, musica, software e molto altro ancora, garantendo agli autori e ai creatori il controllo e il diritto di sfruttare le proprie opere in modi che desiderano.

In questo sotto-capitolo, esploreremo in dettaglio il concetto stesso di diritto d'autore, analizzando la sua importanza, la sua portata e il suo impatto nel mondo moderno. Dall'analisi delle leggi e dei regolamenti che regolano i diritti d'autore alla comprensione delle sfide e delle opportunità che presentano per gli autori, i creatori e l'industria culturale nel suo complesso, questo sotto-capitolo sarà un'esplorazione approfondita di un tema fondamentale nel mondo della proprietà intellettuale.

Scopriremo come ottenere e gestire i diritti d'autore per le opere creative, esaminando i processi di registrazione e le pratiche consigliate per proteggere i tuoi lavori dalla pirateria e dall'uso improprio. Esploreremo anche il concetto di "fair use" e le eccezioni ai diritti d'autore che consentono l'utilizzo delle opere al di là dei limiti della protezione legale.

Ecco un possibile caso studio per sanzioni previste per la violazione di un marchio:

Caso: Giorgio è il titolare di un marchio registrato in Italia che identifica una linea di abbigliamento sportivo. Il marchio consiste in una combinazione di lettere e numeri, con uno stile grafico distintivo. Giorgio ha investito molto nella promozione del suo marchio, che ha acquisito notorietà e reputazione sul mercato. Un giorno, Giorgio scopre che una società turca sta producendo e vendendo online dei capi di abbigliamento che riportano un marchio molto simile a quello di Giorgio, sia per forma che per colore. Giorgio ritiene che si tratti di una violazione del suo marchio e decide di agire in giudizio per tutelare i suoi diritti.

Soluzione: Giorgio può agire in giudizio contro la società turca per violazione del suo marchio, in quanto il marchio registrato conferisce al titolare il diritto esclusivo di impedire a terzi di usare, senza il suo consenso, un segno identico o simile al suo marchio per prodotti o servizi identici o affini a quelli per i quali il marchio è registrato1. Tale diritto esclusivo si applica anche ai prodotti importati da altri paesi, se essi recano il marchio contraffatto o confondibile con quello registrato2. Pertanto, la società turca, producendo e vendendo online dei capi di abbigliamento che recano un marchio simile a quello di Giorgio, commette un atto di violazione del marchio, che può essere impedito e sanzionato dal titolare del marchio.

Giorgio può agire in giudizio sia in via civile che in via penale, a seconda della gravità della violazione e degli effetti che essa ha prodotto sul suo marchio. In via civile, Giorgio può chiedere al giudice di ordinare alla società turca di cessare l'uso del marchio contraffatto, di ritirare dal commercio e distruggere i prodotti contraffatti, di pubblicare la sentenza a sue spese e di risarcire i danni subiti da Giorgio3. In via penale,

Giorgio può sporgere denuncia alla Procura della Repubblica competente, allegando le prove della violazione, e chiedere che la società turca sia perseguita per il reato di contraffazione, alterazione o uso di marchi o segni distintivi, previsto dall'art. 473 del codice penale4. Tale reato è punito con la reclusione da sei mesi a tre anni e con la multa da 2.500 a 25.000 euro.

Diritti d'autore

Il diritto d'autore è il diritto che spetta al creatore di un'opera dell'ingegno di letteratura, arte, musica, cinema, scienza o altro, di disporne e di trarne profitto. Si tratta di un diritto riconosciuto dalla Costituzione italiana (art. 42) e da numerose convenzioni internazionali, come la Convenzione di Berna del 1886, ratificata dall'Italia nel 1978.

Il diritto d'autore si compone di due aspetti: il diritto morale e il diritto patrimoniale. Il diritto morale è il diritto del creatore di rivendicare la paternità dell'opera, di opporsi a modifiche o deformazioni che ne pregiudichino il valore o l'onore, e di ritirarla dal commercio per gravi motivi. Il diritto morale è inalienabile, irrinunciabile e imprescrittibile, e si trasmette agli eredi.

Il diritto patrimoniale è il diritto del creatore di sfruttare economicamente l'opera, autorizzando o vietando la sua riproduzione, diffusione, comunicazione al pubblico, traduzione, adattamento o trasformazione. Il diritto patrimoniale ha una durata limitata nel tempo, che varia a seconda del tipo di opera e della legislazione nazionale. In Italia, il diritto patrimoniale dura per tutta la vita dell'autore e per 70 anni dopo la sua morte, salvo eccezioni previste dalla legge.

La legge italiana sul diritto d'autore è la legge 22 aprile 1941, n. 633, aggiornata da successive modifiche e integrazioni. Il sottocapitolo 6 **118** della legge riguarda i diritti d'autore sulle opere registrate su rapporti, come i dischi, le cassette, i CD, i DVD e altri supporti analogici o digitali. La legge stabilisce che il produttore di tali supporti ha il diritto esclusivo di autorizzare o vietare la loro riproduzione, distribuzione, noleggio, prestito e comunicazione al pubblico, salvo il pagamento di un equo compenso agli autori e agli artisti interpreti o esecutori delle opere contenute nei supporti. La legge prevede anche alcune eccezioni e limitazioni a tale diritto, come la riproduzione privata ad uso personale, la citazione, la parodia, l'uso didattico o scientifico, e altri casi specifici.

La proprietà intellettuale è il diritto che spetta agli autori di opere dell'ingegno di carattere creativo, che possono appartenere a vari ambiti, come la letteratura, la musica, le arti figurative, l'architettura, il teatro e la cinematografia. Si tratta di un diritto fondamentale, riconosciuto dalla Costituzione italiana e dalle convenzioni internazionali, che mira a tutelare la personalità e il lavoro degli autori, nonché il loro interesse economico e morale. La proprietà intellettuale si articola in due grandi categorie: il diritto d'autore e la proprietà industriale.

Il diritto d'autore protegge le opere dell'ingegno che hanno un carattere originale e creativo, indipendentemente dal valore estetico, dalla destinazione o dal modo di espressione. Il diritto d'autore si compone di due aspetti: il diritto morale e il diritto patrimoniale. Il diritto morale è il legame inscindibile tra l'autore e la sua opera, che gli consente di rivendicare la paternità, di opporsi a modifiche o deformazioni, di ritirare l'opera dal commercio e di accedere alle copie. Il diritto morale è perpetuo, irrinunciabile e imprescrittibile. Il diritto patrimoniale è il potere di disporre dell'opera e di trarne un profitto economico, mediante la riproduzione, la distribuzione, la comunicazione al pubblico, la trasformazione e il noleggio. Il diritto patrimoniale ha una durata limitata, che in genere coincide con la vita dell'autore e i settanta anni successivi alla sua morte. Il diritto patrimoniale può essere ceduto o concesso in licenza a terzi, nel rispetto del diritto morale.

La proprietà industriale riguarda le creazioni dell'ingegno che hanno una funzione tecnica o commerciale, come i brevetti, i marchi, i disegni e i modelli. La proprietà industriale ha lo scopo di incentivare l'innovazione e la concorrenza, garantendo ai titolari il diritto esclusivo di sfruttare le loro invenzioni o i loro segni distintivi. La proprietà industriale richiede il deposito o la registrazione presso gli uffici competenti, che verificano i requisiti di novità, originalità e distintività. La proprietà industriale ha una durata variabile, che dipende dal tipo di bene protetto e dal pagamento di eventuali tasse o canoni.

La legge italiana che disciplina la materia della proprietà intellettuale è la legge 22 aprile 1941, n. 633, e successive modificazioni. Si tratta di una legge complessa e articolata, che recepisce i principi e le norme delle convenzioni internazionali, come la Convenzione di Berna, la Convenzione di Roma, il Trattato di Marrakech e il Trattato di Ginevra. La legge italiana prevede anche le sanzioni civili e penali per chi viola i diritti di proprietà intellettuale, commettendo atti di contraffazione, plagio, pirateria o concorrenza sleale. Inoltre, la legge italiana riconosce alcuni diritti connessi al diritto d'autore, che spettano ad altri soggetti che contribuiscono alla diffusione delle opere, come gli artisti interpreti o esecutori, i produttori fonografici o cinematografici, gli organismi di radiodiffusione e le banche di dati.

La proprietà intellettuale è, dunque, un tema di grande rilevanza e attualità, che coinvolge diversi interessi e valori, come la libertà di espressione, la promozione della cultura, lo sviluppo economico e sociale, la tutela della concorrenza e dei consumatori. La proprietà intellettuale richiede un equilibrio tra i diritti degli autori e i diritti dei fruitori, tra la protezione e l'accesso, tra il rispetto e l'innovazione. La proprietà intellettuale è, infine, una sfida per il futuro, che deve adeguarsi alle nuove tecnologie, ai nuovi modelli di produzione e distribuzione, ai nuovi bisogni e diritti delle persone.

Quali sono le sanzioni per la violazione dei diritti d'autore?

La violazione dei diritti d'autore può comportare diverse conseguenze, a seconda della natura e della gravità del fatto. In generale, si possono distinguere tra sanzioni civili, amministrative e penali.

Le sanzioni civili sono previste per chi causa un danno morale o patrimoniale all'autore o al titolare dei diritti. Queste sanzioni possono consistere nel risarcimento del danno, nella rimozione o distruzione dell'opera contraffatta o plagiata, nell'inibizione o nel sequestro dell'attività illecita, nella pubblicazione della sentenza di condanna.

Le sanzioni amministrative sono previste per chi svolge un'attività economica in violazione dei diritti d'autore, senza però commettere un reato. Queste sanzioni possono consistere in una multa da 516 a 25.822 euro, nella sospensione dell'attività professionale o commerciale da sei mesi a un anno, nel sequestro dei beni o dei proventi illeciti.

Le sanzioni penali sono previste per chi commette un reato contro i diritti d'autore, come la contraffazione, il plagio, la distribuzione, la comunicazione o la messa a disposizione al pubblico di opere protette senza autorizzazione. Queste sanzioni possono consistere nella reclusione da sei mesi a quattro anni, nella multa da 2.582 a 15.493 euro, nel sequestro o nella confisca dei beni o dei proventi illeciti, nella pubblicazione della sentenza di condanna.

Cosa significa plagio?

Il plagio significa appropriarsi di parole, idee, ricerche o scoperte altrui e presentarle come proprie, senza citare la fonte. Il plagio è considerato una violazione dei diritti d'autore e può avere conseguenze civili, amministrative o penali. Il plagio può essere evitato indicando sempre le fonti delle informazioni utilizzate e rispettando le regole della citazione e della bibliografia

Quali sono i diritti connessi al diritto d'autore?

I diritti connessi al diritto d'autore sono quei diritti che spettano ad altri soggetti che contribuiscono alla creazione, alla produzione o alla diffusione delle opere dell'ingegno, come gli artisti interpreti o esecutori, i produttori fonografici o cinematografici, gli organismi di radiodiffusione e le banche di dati. I diritti connessi sono regolati dal Titolo II della legge 22 aprile 1941, n. 633, e successive modificazioni, e si distinguono in diritti morali e diritti patrimoniali. I diritti connessi hanno lo scopo di tutelare la personalità e il lavoro di questi soggetti, nonché il loro interesse economico e morale. I diritti connessi hanno una durata di 70 anni dalla morte dell'artista interprete o esecutore, o dalla prima pubblicazione o comunicazione

al pubblico del fonogramma, dell'opera cinematografica o audiovisiva, o della banca di dati.

Tipo di diritto	Oggetto di protezione	Requisiti	Durata	Modalità di registrazione
Brevetto	Invenzioni di	Novità,	20 anni dalla	Domanda

	carattere tecnico, industriale o agricolo	attività inventiva, applicabilità industriale	data di deposito	presso l'Ufficio Italiano Brevetti e Marchi (UIBM) o presso l'Ufficio Europeo dei Brevetti (UEB) o presso l'OMPI
Marchio	Segni distintivi di prodotti o servizi	Distintività, liceità, veridicità	10 anni dalla data di registrazione, rinnovabili	Domanda presso l'UIBM o presso l'Ufficio dell'Unione Europea per la Proprietà Intellettuale (EUIPO) o presso l'OMPI
Diritto d'autore	Opere dell'ingegno di carattere creativo, letterario, artistico, scientifico, didattico o informativo	Originalità, forma espressiva	Vita dell'autore e 70 anni dopo la sua morte	Nessuna formalità, ma possibile deposito presso la SIAE o presso l'UIBM

Capitolo 7

Insolvenza e Fallimento

L'insolvenza e il fallimento sono due concetti che riguardano la situazione di crisi di un'impresa che non è più in grado di pagare i propri debiti. Si tratta di fenomeni che hanno una grande rilevanza economica, sociale e giuridica, in quanto coinvolgono diversi soggetti, come gli imprenditori, i creditori, i dipendenti, i consumatori, lo Stato. La mia tesi è che la normativa italiana in materia di insolvenza e fallimento sia inadeguata e necessiti di una riforma che sia più efficace, equa e moderna.

Il primo argomento che sostiene la mia tesi è che la normativa italiana è obsoleta e complessa, in quanto si basa ancora sulla legge fallimentare del 1942, che è stata modificata e integrata da numerose disposizioni successive, creando una situazione di incertezza e frammentazione. Inoltre, la legge fallimentare non tiene conto delle nuove realtà economiche e sociali, come le piccole e medie imprese, le start-up, le imprese sociali, che hanno bisogno di una tutela specifica e differenziata. Infine, la legge fallimentare non è in linea con i principi e le norme delle convenzioni internazionali e dell'Unione Europea, che richiedono una maggiore armonizzazione e uniformità delle procedure concorsuali.

Il secondo argomento che sostiene la mia tesi è che la normativa italiana è inefficace e lenta, in quanto non riesce a prevenire e a risolvere la crisi delle imprese in modo tempestivo e adeguato. La procedura fallimentare, infatti, è caratterizzata da lunghi tempi, elevati costi, scarsa trasparenza e scarsa partecipazione dei creditori. Inoltre, la procedura fallimentare non favorisce il recupero e il rilancio delle imprese in difficoltà, ma spesso ne determina la liquidazione e la chiusura, con gravi conseguenze per l'occupazione, il tessuto produttivo e il sistema creditizio.

Il terzo argomento che sostiene la mia tesi è che la normativa italiana è ingiusta e discriminatoria, in quanto non garantisce una parità di trattamento tra i diversi soggetti coinvolti nella crisi delle imprese. La procedura fallimentare, infatti, non tutela adeguatamente i diritti e gli interessi dei creditori, che spesso subiscono perdite o ritardi nei pagamenti. Inoltre, la procedura fallimentare non tutela adeguatamente i diritti e gli interessi dei lavoratori, che spesso subiscono licenziamenti, riduzioni salariali, mancato versamento dei contributi. Infine, la procedura fallimentare non tutela adeguatamente i diritti e gli interessi dei consumatori, che spesso subiscono danni o disservizi da parte delle imprese insolventi o fallite.

In conclusione, la normativa italiana in materia di insolvenza e fallimento è inadeguata e necessita di una riforma che sia più efficace, equa e moderna. Una possibile riforma potrebbe prevedere:

- l'introduzione di un codice unico della crisi d'impresa e dell'insolvenza, che riordini e semplifichi le norme esistenti, adeguandole alle nuove realtà economiche e sociali e agli standard internazionali e europei;

- l'introduzione di meccanismi di allerta e di prevenzione della crisi d'impresa, che consentano di individuare e di affrontare le situazioni di difficoltà prima che si aggravi l'insolvenza;

- l'introduzione di strumenti di risoluzione della crisi d'impresa, che favoriscano il recupero e il rilancio delle imprese in difficoltà, attraverso piani di ristrutturazione, accordi con i creditori, cessioni di ramo d'azienda, ecc.;

- l'introduzione di garanzie e di tutele per i diversi soggetti coinvolti nella crisi d'impresa, come i creditori, i lavoratori, i consumatori, che assicurino una parità di trattamento e una soddisfazione dei loro diritti e interessi.

Come funziona la procedura di fallimento in Italia?

La procedura di fallimento in Italia è una procedura giuridica che si applica agli imprenditori commerciali che si trovano in uno stato di insolvenza, cioè nell'impossibilità di pagare i propri debiti. La procedura di fallimento ha lo scopo di accertare i crediti e liquidare il patrimonio del debitore, per soddisfare, almeno in parte, i creditori. La procedura di fallimento si svolge in diverse fasi:

La dichiarazione di fallimento: è il provvedimento con cui il tribunale, su ricorso di uno o più creditori o su richiesta dello stesso imprenditore, accerta lo stato di insolvenza e dichiara il fallimento dell'imprenditore. La dichiarazione di fallimento comporta la perdita della disponibilità dei beni del debitore, che passano sotto il controllo degli organi fallimentari, e l'apertura del concorso dei creditori, che devono presentare le loro domande di ammissione al passivo.

La conservazione e l'amministrazione del patrimonio: è la fase in cui il curatore fallimentare, nominato dal tribunale, provvede a custodire e gestire i beni del fallito, con il compito di redigere l'inventario, apporre i sigilli, riscuotere i crediti, pagare le spese e le imposte, ecc. Il curatore può anche continuare l'esercizio dell'impresa del fallito, se autorizzato dal tribunale e dal comitato dei creditori, per salvaguardare il valore dei beni o per favorire il rilancio dell'attività.

L'accertamento del passivo e dell'attivo: è la fase in cui si determinano i crediti e i beni che concorrono alla liquidazione del fallimento. I creditori devono presentare le loro domande di ammissione al passivo entro il termine stabilito dal tribunale, allegando i documenti giustificativi. Il curatore verifica le domande e redige lo stato passivo, che contiene l'elenco dei creditori ammessi e il loro grado di prelazione. Il curatore redige anche lo stato attivo, che contiene l'elenco dei beni del fallito e il loro valore stimato.

La liquidazione dell'attivo: è la fase in cui si procede alla vendita dei beni del fallito, per trasformarli in denaro da distribuire ai creditori. La liquidazione può avvenire mediante asta pubblica, vendita privata, cessione di ramo d'azienda, ecc. Il curatore deve rendicontare periodicamente al tribunale e al comitato dei creditori l'andamento della liquidazione e le somme ricavate.

Il riparto dell'attivo: è la fase in cui si distribuisce il denaro ricavato dalla liquidazione ai creditori ammessi al passivo, secondo il loro grado di prelazione. Il riparto può essere parziale o finale, a seconda che si disponga o meno di somme sufficienti a soddisfare tutti i creditori. Il riparto deve essere approvato dal tribunale e comunicato ai creditori, che possono impugnarlo se ritengono di aver subito un pregiudizio.

La chiusura del fallimento: è la fase in cui si conclude la procedura fallimentare, una volta esaurita la liquidazione e il riparto dell'attivo. La chiusura del fallimento può avvenire per estinzione dei debiti, per concordato fallimentare, per insufficienza di attivo, per riabilitazione del fallito, ecc. La chiusura del fallimento comporta la cessazione degli effetti del fallimento e la restituzione al debitore dei beni residui.

Processo di insolvenza

Il processo di insolvenza è il procedimento giudiziario che si attiva quando un'impresa non è più in grado di pagare i propri debiti e si trova in uno stato di crisi. Il processo di insolvenza ha lo scopo di verificare la situazione patrimoniale dell'impresa, di accertare i crediti dei creditori e di stabilire se l'impresa può essere salvata o se deve essere liquidata. Il processo di insolvenza si svolge davanti al tribunale competente, che nomina un giudice delegato e un curatore fallimentare, che sono gli organi che gestiscono la procedura. Il processo di insolvenza può avere due esiti: il concordato preventivo o il fallimento.

Il concordato preventivo è una soluzione alternativa al fallimento, che consente all'impresa in crisi di proporre ai creditori un piano di ristrutturazione del debito, che può prevedere una riduzione o una dilazione dei pagamenti, o la cessione di beni o di quote societarie. Il concordato preventivo deve essere approvato dal tribunale e dalla maggioranza dei creditori, che devono votare in una apposita assemblea. Il concordato preventivo ha il vantaggio di consentire all'impresa di continuare la propria attività, di salvaguardare i posti di lavoro e di soddisfare almeno in parte i creditori. Il concordato preventivo ha lo svantaggio di richiedere la collaborazione dei creditori, che devono accettare una perdita o un ritardo dei loro crediti, e di comportare dei costi e delle formalità per la presentazione e l'approvazione del piano.

Processo di Fallimento

Il fallimento è la soluzione estrema che si applica quando l'impresa in crisi non è in grado di proporre o di ottenere un concordato preventivo. Il fallimento comporta la dichiarazione di insolvenza dell'impresa da parte del tribunale, la perdita della disponibilità dei beni dell'impresa, che passano sotto il controllo del curatore fallimentare, e l'apertura del concorso dei creditori, che devono presentare le loro domande di ammissione al passivo. Il fallimento ha lo scopo di liquidare il patrimonio dell'impresa, vendendo i beni e riscuotendo i crediti, e di distribuire il ricavato ai creditori, secondo il loro grado di prelazione. Il fallimento ha il vantaggio di chiudere definitivamente la situazione di crisi dell'impresa, di accertare i crediti dei creditori e di garantire una parità di trattamento tra di essi. Il fallimento ha lo svantaggio di determinare la cessazione dell'attività dell'impresa, la perdita dei posti di lavoro e la scarsa soddisfazione dei creditori, che spesso ricevono solo una frazione dei loro crediti.

Il fallimento è la soluzione estrema che si applica quando l'impresa in crisi non è in grado di proporre o di ottenere un concordato preventivo. Il fallimento comporta la dichiarazione di insolvenza dell'impresa da parte del tribunale, la perdita della disponibilità dei beni dell'impresa, che passano sotto il controllo del curatore fallimentare, e l'apertura del concorso dei creditori, che devono presentare le loro domande di ammissione al passivo. Il fallimento ha lo scopo di liquidare il patrimonio dell'impresa, vendendo i beni e riscuotendo i crediti, e di distribuire il ricavato ai creditori, secondo il loro grado di prelazione. Il fallimento ha il vantaggio di chiudere definitivamente la situazione di crisi dell'impresa, di accertare i crediti dei creditori e di garantire una parità di trattamento tra di essi.

Recupero del credito

Il recupero credito è l'insieme delle azioni che i creditori possono intraprendere per ottenere il pagamento dei loro crediti nei confronti dell'impresa in crisi. Il recupero credito può essere stragiudiziale o giudiziale. Il recupero credito stragiudiziale consiste nel tentare una soluzione bonaria con l'impresa debitrice, attraverso la negoziazione, la mediazione, la conciliazione, il pignoramento volontario, ecc. Il recupero credito stragiudiziale ha il vantaggio di essere rapido, economico e flessibile, ma richiede la disponibilità e la collaborazione dell'impresa debitrice. Il recupero credito giudiziale consiste nel ricorrere all'autorità giudiziaria per ottenere un titolo esecutivo, come una sentenza o un decreto ingiuntivo, che attesti il credito e ne consenta il pignoramento forzoso dei beni dell'impresa debitrice. Il recupero credito giudiziale ha il vantaggio di essere sicuro, vincolante e coercitivo, ma richiede dei tempi, dei costi e delle formalità maggiori.

Come funziona il processo di insolvenza in Italia?

Il processo di insolvenza in Italia è il procedimento giudiziario che si attiva quando un'impresa non è più in grado di pagare i propri debiti e si trova in uno stato di crisi. Il processo di insolvenza ha lo scopo di verificare la situazione patrimoniale dell'impresa, di accertare i crediti dei creditori e di stabilire se l'impresa può essere salvata o se deve essere liquidata. Il processo di insolvenza si svolge davanti al tribunale competente, che nomina un giudice delegato e un curatore fallimentare, che sono gli organi che gestiscono la procedura. Il processo di insolvenza può avere due esiti: il concordato preventivo o il fallimento.

Il concordato preventivo è una soluzione alternativa al fallimento, che consente all'impresa in crisi di proporre ai creditori un piano di ristrutturazione del debito, che può prevedere una riduzione o una dilazione dei pagamenti, o la cessione di beni o di quote societarie. Il concordato preventivo deve essere approvato dal tribunale e dalla maggioranza dei creditori, che devono votare in una apposita assemblea. Il concordato preventivo ha il vantaggio di consentire all'impresa di continuare la propria attività, di salvaguardare i posti di lavoro e di soddisfare almeno in parte i creditori.

Il fallimento è la soluzione estrema che si applica quando l'impresa in crisi non è in grado di proporre o di ottenere un concordato preventivo. Il fallimento comporta la dichiarazione di insolvenza dell'impresa da parte del tribunale, la perdita della disponibilità dei beni dell'impresa, che passano sotto il controllo del curatore fallimentare, e l'apertura del concorso dei creditori, che devono presentare le loro domande di ammissione al passivo. Il fallimento ha lo scopo di liquidare il patrimonio dell'impresa, vendendo i beni e riscuotendo i crediti, e di distribuire il ricavato ai creditori, secondo il loro grado di prelazione. Il fallimento ha il vantaggio di chiudere definitivamente la situazione di crisi dell'impresa, di accertare i crediti dei creditori e di garantire una parità di trattamento tra di essi.

Come funziona la procedura di fallimento in Italia?

La procedura di fallimento in Italia è una procedura giuridica che si applica agli imprenditori commerciali che si trovano in uno stato di insolvenza, cioè nell'impossibilità di pagare i propri debiti. La procedura di fallimento ha lo scopo di accertare i crediti e liquidare il patrimonio del debitore, per soddisfare, almeno in parte, i creditori. La procedura di fallimento si svolge in diverse fasi:

La dichiarazione di fallimento: è il provvedimento con cui il tribunale, su ricorso di uno o più creditori o su richiesta dello stesso imprenditore, accerta lo stato di insolvenza e dichiara il fallimento dell'imprenditore. La dichiarazione di fallimento comporta la perdita della disponibilità dei beni del debitore, che passano sotto il controllo degli organi fallimentari, e l'apertura del concorso dei creditori, che devono presentare le loro domande di ammissione al passivo.

La conservazione e l'amministrazione del patrimonio: è la fase in cui il curatore fallimentare, nominato dal tribunale, provvede a custodire e gestire i beni del fallito, con il compito di redigere l'inventario, apporre i sigilli, riscuotere i crediti, pagare le spese e le imposte, ecc. Il curatore può anche continuare l'esercizio dell'impresa del fallito, se autorizzato dal tribunale e dal comitato dei creditori, per salvaguardare il valore dei beni o per favorire il rilancio dell'attività.

L'accertamento del passivo e dell'attivo: è la fase in cui si determinano i crediti e i beni che concorrono alla liquidazione del fallimento. I creditori devono presentare le loro domande di ammissione al passivo entro il termine stabilito dal tribunale, allegando i documenti giustificativi. Il curatore verifica le domande e redige lo stato passivo, che contiene l'elenco dei creditori ammessi e il loro grado di prelazione. Il curatore redige anche lo stato attivo, che contiene l'elenco dei beni del fallito e il loro valore stimato.

La liquidazione dell'attivo: è la fase in cui si procede alla vendita dei beni del fallito, per trasformarli in denaro da distribuire ai creditori. La liquidazione può avvenire mediante asta pubblica, vendita privata, cessione di ramo d'azienda, ecc. Il curatore deve rendicontare periodicamente al tribunale e al comitato dei creditori l'andamento della liquidazione e le somme ricavate.

Il riparto dell'attivo: è la fase in cui si distribuisce il denaro ricavato dalla liquidazione ai creditori ammessi al passivo, secondo il loro grado di prelazione. Il riparto può essere parziale o finale, a seconda che si disponga o meno di somme sufficienti a soddisfare tutti i creditori. Il riparto deve essere approvato dal tribunale e comunicato ai creditori, che possono impugnarlo se ritengono di aver subito un pregiudizio.

La chiusura del fallimento: è la fase in cui si conclude la procedura fallimentare, una volta esaurita la liquidazione e il riparto dell'attivo. La chiusura del fallimento può avvenire per estinzione dei debiti, per concordato fallimentare, per insufficienza di attivo, per riabilitazione del fallito, ecc. La chiusura del fallimento comporta la cessazione degli effetti del fallimento e la restituzione al debitore dei beni residui

Come funziona in italia il recupero del credito?

Il recupero del credito dovuto a insolvenza o fallimento è l'insieme delle azioni che un imprenditore può intraprendere per ottenere il pagamento dei suoi crediti nei confronti di un altro imprenditore che si trova in una situazione di crisi. Il recupero del credito può avvenire in due modi: stragiudiziale o giudiziale.

Il recupero del credito stragiudiziale consiste nel tentare una soluzione bonaria con il debitore, senza bisogno di ricorrere al tribunale. Questa soluzione può prevedere la negoziazione, la mediazione, la conciliazione, il pignoramento volontario, ecc. Il recupero del credito stragiudiziale ha il vantaggio di essere rapido, economico e flessibile, ma richiede la disponibilità e la collaborazione del debitore. Inoltre, il recupero del credito stragiudiziale non ha efficacia vincolante, quindi il debitore può sempre cambiare idea o non rispettare gli accordi.

Il recupero del credito giudiziale consiste nel ricorrere all'autorità giudiziaria per ottenere un titolo esecutivo, come una sentenza o un decreto ingiuntivo, che attesti il credito e ne consenta il pignoramento forzoso dei beni del debitore. Il recupero del credito giudiziale ha il vantaggio di essere sicuro, vincolante e coercitivo, ma richiede dei tempi, dei costi e delle formalità maggiori. Inoltre, il recupero del credito giudiziale può essere ostacolato dalla procedura di insolvenza o di fallimento del debitore, che sospende o limita le azioni esecutive dei creditori.

La procedura di insolvenza o di fallimento del debitore è il procedimento giudiziario che si attiva quando un imprenditore non è più in grado di pagare i propri debiti e si trova in uno stato di crisi. La procedura di insolvenza o di fallimento ha lo scopo di verificare la

situazione patrimoniale del debitore, di accertare i crediti dei
creditori e di stabilire se il debitore può essere salvato o se deve
essere liquidato. La procedura di insolvenza o di fallimento si svolge
davanti al tribunale competente, che nomina un giudice delegato e
un curatore fallimentare, che sono gli organi che gestiscono la
procedura. La procedura di insolvenza o di fallimento può avere due
esiti: il concordato preventivo o la liquidazione giudiziale.

Il concordato preventivo è una soluzione alternativa alla liquidazione
giudiziale, che consente al debitore in crisi di proporre ai creditori un
piano di ristrutturazione del debito, che può prevedere una
riduzione o una dilazione dei pagamenti, o la cessione di beni o di
quote societarie. Il concordato preventivo deve essere approvato dal
tribunale e dalla maggioranza dei creditori, che devono votare in
una apposita assemblea. Il concordato preventivo ha il vantaggio di
consentire al debitore di continuare la propria attività, di
salvaguardare i posti di lavoro e di soddisfare almeno in parte i
creditori. Il concordato preventivo ha lo svantaggio di richiedere la
collaborazione dei creditori, che devono accettare una perdita o un
ritardo dei loro crediti, e di comportare dei costi e delle formalità per
la presentazione e l'approvazione del piano.

La liquidazione giudiziale è la soluzione estrema che si applica
quando il debitore in crisi non è in grado di proporre o di ottenere
un concordato preventivo. La liquidazione giudiziale comporta la
dichiarazione di insolvenza del debitore da parte del tribunale, la
perdita della disponibilità dei beni del debitore, che passano sotto il
controllo del curatore fallimentare, e l'apertura del concorso dei
creditori, che devono presentare le loro domande di ammissione al
passivo. La liquidazione giudiziale ha lo scopo di liquidare il
patrimonio del debitore, vendendo i beni e riscuotendo i crediti, e di
distribuire il ricavato ai creditori, secondo il loro grado di prelazione.
La liquidazione giudiziale ha il vantaggio di chiudere definitivamente
la situazione di crisi del debitore, di accertare i crediti dei creditori e
di garantire una parità di trattamento tra di essi. La liquidazione
giudiziale ha lo svantaggio di determinare la cessazione dell'attività

del debitore, la perdita dei posti di lavoro e la scarsa soddisfazione dei creditori, che spesso ricevono solo una frazione dei loro crediti.

In conclusione, il recupero del credito dovuto a insolvenza o fallimento è un tema di grande importanza per gli imprenditori, che devono affrontare le situazioni di crisi delle proprie imprese o di quelle dei propri debitori. Esistono diverse soluzioni possibili, che presentano vantaggi e svantaggi, e che richiedono una valutazione attenta e una consulenza professionale.

Ecco alcuni possibili casi studio sull'insolvenza e il fallimento:

Caso 1: La società Alfa S.p.A. opera nel settore dell'edilizia e ha un fatturato annuo di circa 10 milioni di euro. A causa della crisi economica e della diminuzione degli appalti, la società si trova in una situazione di grave difficoltà finanziaria, con un passivo di circa 15 milioni di euro e una liquidità insufficiente a coprire le scadenze dei debiti. La società ha ricevuto numerosi solleciti di pagamento dai suoi creditori, alcuni dei quali hanno avviato azioni esecutive sui suoi beni. La società ha anche ricevuto una richiesta di fallimento da parte di un fornitore, che ha protestato una cambiale non pagata di 100.000 euro. La società può evitare il fallimento?

Soluzione: La società Alfa S.p.A. si trova in uno stato di insolvenza, in quanto non è più in grado di soddisfare regolarmente e con mezzi normali le proprie obbligazioni. Tale stato di insolvenza è manifestato da diversi indizi, come i protesti, le azioni esecutive, la richiesta di fallimento e lo squilibrio patrimoniale. Pertanto, la società rischia di essere dichiarata fallita dal tribunale, se non riesce a dimostrare la sua solvibilità o a proporre una soluzione alternativa alla crisi. Per evitare il fallimento, la società potrebbe tentare di accedere a una delle procedure concorsuali previste dalla legge, come il concordato preventivo, gli accordi di ristrutturazione dei debiti o il piano di risanamento attestato. Tali procedure consentono alla società di negoziare con i creditori una riduzione o una dilazione dei debiti, di ottenere una moratoria delle azioni esecutive e di continuare a gestire l'attività, sotto il controllo di un organo giudiziario o di un professionista indipendente. Per accedere a queste procedure, la società deve dimostrare di avere un piano credibile e fattibile per il superamento della crisi, di avere il consenso di una parte qualificata dei creditori e di avere una situazione patrimoniale e contabile verificabile.

Caso 2: La società Beta S.r.l. opera nel settore della ristorazione e ha un fatturato annuo di circa 500.000 euro. A causa della pandemia da Covid-19 e delle misure restrittive imposte dal governo, la società ha subito una forte riduzione del suo giro d'affari, che non le ha permesso di coprire le spese fisse, come l'affitto, le utenze e i salari dei dipendenti. La società ha chiesto e ottenuto alcuni aiuti pubblici, come il credito d'imposta per l'affitto, il contributo a fondo perduto e la cassa integrazione. Tuttavia, questi aiuti non sono stati sufficienti a sostenere la società, che si è trovata in una situazione di insolvenza temporanea, con un passivo di circa 200.000 euro e una liquidità residua di circa 50.000 euro. La società può beneficiare di una procedura di composizione della crisi da sovraindebitamento?

Soluzione: La società Beta S.r.l. potrebbe beneficiare di una procedura di composizione della crisi da sovraindebitamento, prevista dalla legge 3/2012, se rientra tra i soggetti ammessi a tale procedura. Infatti, la procedura di composizione della crisi da sovraindebitamento è riservata ai debitori non fallibili, cioè a quelli che non esercitano un'attività commerciale in forma di impresa. Pertanto, la società Beta S.r.l. potrebbe accedere a tale procedura solo se la sua attività di ristorazione non ha i caratteri dell'impresa, come la dimensione, l'organizzazione, la professionalità e la rilevanza economica. In tal caso, la società potrebbe proporre ai suoi creditori un piano del consumatore, un accordo di ristrutturazione dei debiti o un piano di liquidazione del patrimonio, con l'assistenza di un organismo di composizione della crisi e con l'approvazione del tribunale. Tali soluzioni consentono alla società di ottenere una riduzione o una dilazione dei debiti, di sospendere le azioni esecutive e di conservare o alienare il patrimonio, a seconda delle esigenze. Per accedere a queste soluzioni, la società deve dimostrare di avere una situazione patrimoniale e contabile chiara e

documentata, di avere una crisi non fraudolenta e non colposa e di
avere una proposta sostenibile e conveniente per i creditori.

136

Capitolo 8

Considerazioni Etiche nel Diritto Commerciale

Il capitolo 8 "Etica aziendale nel diritto commerciale" tratta del
rapporto tra i principi e i valori morali che guidano il
comportamento degli operatori economici e le norme giuridiche che
regolano i rapporti commerciali. Il testo descrive il concetto di etica
aziendale, le sue fonti, le sue dimensioni e le sue implicazioni
pratiche. Il testo illustra anche la regola del giudizio commerciale, un
principio legale che protegge le decisioni prese in buona fede dagli
amministratori delle società, e le sue condizioni e limiti. Il testo

presenta infine alcuni esempi di pratiche commerciali etiche e non etiche, e propone alcune strategie e strumenti per promuovere e diffondere l'etica aziendale nel mercato. Ecco una possibile sintesi del testo:

L'etica aziendale è l'insieme dei principi e dei valori morali che regolano le azioni e le decisioni degli individui e delle organizzazioni nel mondo degli affari. L'etica aziendale si basa su fonti normative nazionali, internazionali e comunitarie, che esprimono valori fondamentali come la libertà di iniziativa economica, la concorrenza leale, la buona fede, la trasparenza, la responsabilità sociale, il rispetto dei diritti umani, la protezione dell'ambiente, ecc. L'etica aziendale ha diverse dimensioni, che riguardano il rapporto tra l'azienda e i suoi stakeholder, come i clienti, i fornitori, i concorrenti, i dipendenti, la società, ecc. L'etica aziendale ha anche delle implicazioni pratiche, in quanto influisce sull'interpretazione e l'applicazione delle norme, sulla risoluzione delle controversie, sulla sanzione delle violazioni, sulla reputazione, sulla fiducia, sulla fedeltà, sulla soddisfazione e sulla fidelizzazione dei clienti, sulla riduzione dei rischi, dei costi e dei conflitti, sull'aumento dell'efficienza, dell'innovazione e della produttività, ecc.

La regola del giudizio commerciale è un principio legale che fornisce protezione a direttori e funzionari che prendono decisioni in buona fede, anche se tali decisioni si rivelano sbagliate. Questa protezione aiuta a incoraggiare l'assunzione di rischi e l'innovazione all'interno delle aziende, poiché direttori e funzionari non hanno paura di prendere decisioni che potrebbero essere impopolari. La regola del giudizio commerciale si applica quando direttori e funzionari agiscono nel migliore interesse della società e dei suoi azionisti, senza mettere i propri interessi personali davanti a quelli della società. La regola del giudizio commerciale non si applica quando vi sono prove di frode, auto-detenzione o malafede. La regola del giudizio commerciale richiede anche che direttori e funzionari si informino adeguatamente prima di prendere le decisioni, e che le decisioni siano razionali e proporzionate agli obiettivi e alle circostanze.

Esistono diversi esempi di pratiche commerciali etiche e non etiche, che possono essere analizzati alla luce dei principi e dei valori dell'etica aziendale. Alcuni esempi di pratiche commerciali etiche sono: offrire prodotti e servizi di qualità, rispettare i diritti dei consumatori, trattare equamente i fornitori, collaborare con i concorrenti, contribuire al benessere della società, ecc. Alcuni esempi di pratiche commerciali non etiche sono: ingannare o manipolare i clienti, sfruttare i dipendenti, eludere le tasse, inquinare l'ambiente, violare la privacy, ecc. Le pratiche commerciali etiche e non etiche hanno delle conseguenze sia legali che morali, che possono influire sulla reputazione, sulla fiducia, sulla fedeltà, sulla soddisfazione e sulla fidelizzazione dei clienti, sulla riduzione dei rischi, dei costi e dei conflitti, sull'aumento dell'efficienza, dell'innovazione e della produttività, ecc.

Esistono diverse strategie e strumenti per promuovere e diffondere l'etica aziendale nel mercato, che possono aiutare le aziende a definire e comunicare i loro standard etici, a verificare e attestare il rispetto di tali standard, a sensibilizzare e coinvolgere le parti interessate, a creare una cultura e una rete etica, ecc. Alcune di queste strategie e strumenti sono: i codici di condotta, le certificazioni, le etichette, le associazioni, le iniziative, le campagne, ecc. Queste strategie e strumenti richiedono l'impegno e la responsabilità degli operatori economici, che devono agire in modo etico non solo per rispettare le norme, ma anche per creare valore e vantaggio competitivo.

Cosa significa etica aziendale?

L'etica aziendale è l'insieme dei principi e dei valori morali che regolano il comportamento di un'azienda, sia nelle sue azioni che in quelle del suo personale, sia nel pubblico che nel privato. L'etica aziendale si basa su fonti normative nazionali, internazionali e comunitarie, che esprimono valori fondamentali come la libertà di iniziativa economica, la concorrenza leale, la buona fede, la trasparenza, la responsabilità sociale, il rispetto dei diritti umani, la protezione dell'ambiente, ecc. L'etica aziendale ha lo scopo di migliorare la reputazione, la fiducia, la fedeltà, la soddisfazione e la fidelizzazione dei clienti, di ridurre i rischi, i costi e i conflitti, di aumentare l'efficienza, l'innovazione e la produttività, ecc.

Quali sono i vantaggi dell'etica aziendale?

L'etica aziendale è l'insieme dei principi e dei valori morali che regolano il comportamento di un'azienda, sia nelle sue azioni che in quelle del suo personale, sia nel pubblico che nel privato. L'etica aziendale ha diversi vantaggi, tra cui:

Migliorare la reputazione dell'azienda, creando un clima di fiducia e trasparenza nei confronti dei clienti, dei fornitori, degli azionisti e della società in generale.

Attirare e trattenere i migliori talenti, offrendo un ambiente di lavoro stimolante, equo e rispettoso, in cui i dipendenti si sentono valorizzati e motivati.

Ridurre i rischi, i costi e i conflitti, prevenendo o risolvendo le situazioni di violazione delle norme, di frode, di corruzione, di discriminazione, di inquinamento, ecc.

Aumentare l'efficienza, l'innovazione e la produttività, incoraggiando la collaborazione, la creatività, la qualità e la responsabilità sociale all'interno dell'azienda.

Creare valore e vantaggio competitivo, differenziandosi dai concorrenti e soddisfacendo le aspettative e le esigenze dei clienti, che sono sempre più attenti all'impatto sociale ed ambientale delle aziende.

Quali sono i principali codici di condotta per l'etica aziendale?

I codici di condotta per l'etica aziendale sono dei documenti che stabiliscono i principi, i valori, le norme e le linee guida che gli operatori economici devono seguire per agire in modo etico e responsabile nel mercato. I codici di condotta per l'etica aziendale possono essere adottati volontariamente dalle aziende, o imposti da enti pubblici, associazioni di categoria, organismi internazionali, ecc. I codici di condotta per l'etica aziendale hanno lo scopo di migliorare la reputazione, la fiducia, la fedeltà, la soddisfazione e la fidelizzazione dei clienti, di ridurre i rischi, i costi e i conflitti, di aumentare l'efficienza, l'innovazione e la produttività, ecc.

Alcuni esempi di codici di condotta per l'etica aziendale sono:

Il codice etico e di condotta aziendale di Adecco, che contiene le norme di comportamento che i dipendenti, i dirigenti e i rappresentanti di Adecco devono rispettare in materia di uguaglianza, gentilezza, rispetto, non molestia, trasformazione delle differenze in punti di forza, ecc.

Il codice di condotta di La Legge per Tutti, che contiene le norme di comportamento che i collaboratori, i professionisti e i partner di La Legge per Tutti devono rispettare in materia di qualità, onestà, imparzialità, trasparenza, riservatezza, ecc.

Il codice etico di Betterteam, che contiene le norme di comportamento che i membri di Betterteam devono rispettare in materia di inclusione, gentilezza, rispetto, scelta delle parole, non molestia, ecc.

Cos'è un codice etico aziendale?

Un codice etico aziendale è un documento che stabilisce i principi, i valori, le norme e le linee guida che gli operatori economici devono seguire per agire in modo etico e responsabile nel mercato. Il codice etico aziendale si basa su fonti normative nazionali, internazionali e comunitarie, che esprimono valori fondamentali come la libertà di iniziativa economica, la concorrenza leale, la buona fede, la trasparenza, la responsabilità sociale, il rispetto dei diritti umani, la protezione dell'ambiente, ecc. Il codice etico aziendale ha lo scopo di migliorare la reputazione, la fiducia, la fedeltà, la soddisfazione e la fidelizzazione dei clienti, di ridurre i rischi, i costi e i conflitti, di aumentare l'efficienza, l'innovazione e la produttività, ecc. Il codice etico aziendale è adottato volontariamente dalle aziende, ma può essere anche imposto da enti pubblici, associazioni di categoria, organismi internazionali, ecc.

Come si verifica il rispetto dei codici di condotta?

I codici di condotta sono dei documenti che stabiliscono i principi, i valori, le norme e le linee guida che gli operatori economici devono seguire per agire in modo etico e responsabile nel mercato. Il rispetto dei codici di condotta viene verificato da diversi soggetti, a seconda della natura e dell'ambito dei codici stessi. Alcuni possibili soggetti verificatori sono:

- L'autorità di controllo competente, che è il Garante per la protezione dei dati personali in Italia. Il Garante ha il compito di approvare i codici di condotta elaborati dalle associazioni e dagli altri organismi rappresentanti le categorie di titolari o responsabili del trattamento, di accreditare gli organismi di monitoraggio che verificano l'osservanza dei codici, di intervenire in caso di violazione dei codici, di cooperare con le altre autorità di controllo europee, ecc1

- Gli organismi di monitoraggio, che sono delle entità indipendenti e imparziali, in possesso dei requisiti fissati dal Regolamento UE 2016/679, che verificano l'osservanza delle disposizioni dei codici di condotta da parte dei titolari e dei responsabili del trattamento che vi aderiscono. Gli organismi di monitoraggio devono essere accreditati dal Garante e devono segnalare al Garante eventuali violazioni dei codici2

142

- I responsabili del dipartimento di risorse umane, che sono i soggetti interni alle aziende che si occupano di gestire il personale e di monitorare il rispetto dei codici di condotta aziendali, che riguardano le norme di comportamento dei dipendenti, dei dirigenti e dei rappresentanti dell'azienda. I responsabili del dipartimento di risorse umane devono informare i dipendenti sul modo in cui perseguire gli obiettivi indicati nel codice e sulle sanzioni previste in caso di violazione delle regole

Quali sono le sanzioni per la violazione dei codici di condotta?

Le sanzioni per la violazione dei codici di condotta dipendono dalla natura e dall'ambito dei codici stessi. In generale, le sanzioni possono essere di tipo disciplinare, amministrativo o penale. Alcuni esempi di sanzioni sono:

- La sospensione temporanea o definitiva dell'abilitazione all'esercizio della professione, per la violazione di norme di condotta professionale previste da leggi o regolamenti1.

- L'arresto fino a tre mesi o l'ammenda fino a duecentosei euro, per la violazione di norme di condotta antisindacale previste dal codice penale2.

- La multa fino a 20 milioni di euro o il 4% del fatturato annuo, per la violazione di norme di condotta sulla protezione dei dati personali previste dal regolamento UE 2016/679 (GDPR)

Cosa significa responsabilità sociale d'impresa?

La responsabilità sociale d'impresa (o CSR, dall'inglese Corporate Social Responsibility) è l'integrazione volontaria da parte di un'azienda profit dell'impatto sociale ed ambientale nelle attività commerciali e nelle relazioni, formali e informali, con gli stakeholder (interni e esterni). Si tratta di un concetto che esprime la volontà delle imprese di andare oltre il mero obiettivo del profitto, e di contribuire al benessere della società e alla salvaguardia dell'ambiente, in linea con i principi dello sviluppo sostenibile. La responsabilità sociale d'impresa comporta il rispetto di valori etici, come la libertà, la concorrenza leale, la buona fede, la trasparenza, la responsabilità, il rispetto dei diritti umani, la protezione dell'ambiente, ecc. La responsabilità sociale d'impresa ha anche dei vantaggi per le imprese stesse, in termini di reputazione, fiducia, fedeltà, soddisfazione e fidelizzazione dei clienti, riduzione dei rischi, dei costi e dei conflitti, aumento dell'efficienza, dell'innovazione e della produttività, ecc.

Responsabilità sociale delle imprese

La responsabilità sociale delle imprese (o CSR, dall'inglese Corporate Social Responsibility) è l'integrazione volontaria da parte di un'azienda profit dell'impatto sociale ed ambientale nelle attività commerciali e nelle relazioni, formali e informali, con gli stakeholder (interni e esterni). Si tratta di un concetto che esprime la volontà delle imprese di andare oltre il mero obiettivo del profitto, e di contribuire al benessere della società e alla salvaguardia dell'ambiente, in linea con i principi dello sviluppo sostenibile. La responsabilità sociale delle imprese comporta il rispetto di valori etici, come la libertà di iniziativa economica, la concorrenza leale, la buona fede, la trasparenza, la responsabilità sociale, il rispetto dei diritti umani, la protezione dell'ambiente, ecc. La responsabilità sociale delle imprese ha anche dei vantaggi per le imprese stesse, in termini di reputazione, fiducia, fedeltà, soddisfazione e fidelizzazione dei clienti, riduzione dei rischi, dei costi e dei conflitti, aumento dell'efficienza, dell'innovazione e della produttività, ecc.

Per approfondire il tema della responsabilità sociale delle imprese, si possono analizzare i seguenti aspetti:

Le fonti normative della responsabilità sociale delle imprese, che sono costituite da leggi, regolamenti, codici, convenzioni, trattati, ecc., sia a livello nazionale, che internazionale e comunitario. Queste fonti stabiliscono gli standard minimi di comportamento etico che le imprese devono rispettare, ma anche le opportunità e gli incentivi per andare oltre il mero adempimento legale. Alcune di queste fonti sono, ad esempio, il codice civile, il codice del consumo, il codice penale, il decreto legislativo 231/2001, la direttiva 2014/95/UE, il [Global Compact], le [linee guida OCSE], i [principi guida ONU], la [ISO 26000], ecc.

Le dimensioni della responsabilità sociale delle imprese, che sono costituite dalle diverse aree di intervento e di impatto che le imprese hanno nei confronti dei loro stakeholder, ovvero le parti interessate dalla loro attività. Queste dimensioni sono, ad esempio, la responsabilità sociale verso i clienti, che riguarda la qualità, la sicurezza, la tracciabilità, la sostenibilità, la tutela dei diritti dei consumatori, ecc.; la responsabilità sociale verso i fornitori, che riguarda la selezione, la valutazione, la formazione, il monitoraggio, il rispetto delle norme etiche, ambientali, sociali, ecc.; la responsabilità sociale verso i dipendenti, che riguarda la retribuzione, il welfare, la formazione, la sicurezza, la conciliazione, la diversità, la partecipazione, ecc.; la responsabilità sociale verso i concorrenti, che riguarda il rispetto delle regole della concorrenza, la collaborazione, la trasparenza, l'innovazione, ecc.; la responsabilità sociale verso la società, che riguarda il contributo al benessere collettivo, la solidarietà, il volontariato, il mecenatismo, la filantropia, la cittadinanza attiva, ecc.; la responsabilità sociale verso l'ambiente, che riguarda la riduzione dell'impronta ecologica, la prevenzione dell'inquinamento, il risparmio energetico, il riciclo, l'eco-design, l'eco-innovazione, ecc.

Gli strumenti della responsabilità sociale delle imprese, che sono costituiti dalle diverse modalità e pratiche con cui le imprese comunicano e dimostrano il loro impegno etico e la loro performance sociale ed ambientale. Questi strumenti sono, ad esempio, i codici etici, che sono dei documenti che definiscono i principi, i valori, le norme e le linee guida che le imprese si impegnano a rispettare e a far rispettare; le certificazioni, che sono dei processi di verifica e validazione da parte di enti terzi indipendenti che attestano il rispetto di determinati standard di qualità, sicurezza, sostenibilità, ecc.; le etichette, che sono dei marchi o dei simboli che indicano le caratteristiche e le proprietà di un prodotto o di un servizio, in termini di origine, composizione, processo produttivo, impatto ambientale, ecc.; i bilanci sociali, che sono dei documenti che rendicontano le attività, i risultati e gli impatti sociali ed ambientali di un'impresa, in modo trasparente, verificabile e comparabile; le iniziative, le campagne, le associazioni, che sono delle azioni o dei progetti che le imprese promuovono o sostengono, in collaborazione con altri soggetti, per sensibilizzare, coinvolgere, informare, educare, ecc., sui temi della responsabilità sociale.

Quali sono le fonti normative della responsabilità sociale delle imprese?

Le fonti normative della responsabilità sociale delle imprese sono costituite da leggi, regolamenti, codici, convenzioni, trattati, ecc., sia a livello nazionale, che internazionale e comunitario. Queste fonti stabiliscono gli standard minimi di comportamento etico che le imprese devono rispettare, ma anche le opportunità e gli incentivi per andare oltre il mero adempimento legale. Alcune di queste fonti sono, ad esempio:

- Il codice civile, che contiene le norme generali che regolano i rapporti tra i soggetti privati, tra cui le imprese, e che prevede il principio della buona fede, il divieto di abuso del diritto, il risarcimento del danno, ecc.

- Il codice del consumo, che contiene le norme specifiche che regolano i rapporti tra le imprese e i consumatori, e che prevede il principio della trasparenza, il diritto di recesso, la garanzia legale, la tutela collettiva, ecc.

- Il codice penale, che contiene le norme che sanzionano le condotte illecite che le imprese possono commettere, come **147** la frode, la corruzione, la truffa, il riciclaggio, l'inquinamento, ecc.

- Il decreto legislativo 231/2001, che introduce la responsabilità amministrativa delle persone giuridiche, tra cui le imprese, per i reati commessi nell'interesse o a vantaggio della stessa da parte dei propri rappresentanti, dipendenti o collaboratori.

- La [direttiva 2014/95/UE], che obbliga le grandi imprese a pubblicare una dichiarazione non finanziaria, in cui riportano le informazioni relative ai loro impatti sociali, ambientali, sui diritti umani, sulla lotta alla corruzione, sulla diversità di genere, ecc.

- Il [Global Compact], che è un'iniziativa volontaria delle Nazioni Unite, a cui le imprese possono aderire, impegnandosi a rispettare e promuovere dieci principi universali relativi ai diritti umani, al lavoro, all'ambiente e alla lotta alla corruzione.

- Le [linee guida OCSE], che sono delle raccomandazioni rivolte alle imprese multinazionali, che operano in paesi aderenti all'Organizzazione per la cooperazione e lo sviluppo economico, per condurre le loro attività in modo responsabile e sostenibile, rispettando i diritti umani, l'ambiente, i consumatori, i lavoratori, ecc.

- I [principi guida ONU], che sono delle norme internazionali, adottate dal Consiglio dei diritti umani delle Nazioni Unite, che definiscono le responsabilità degli Stati e delle imprese in materia di rispetto, protezione e rimedio dei diritti umani, in relazione alle attività economiche.

- La [ISO 26000], che è uno standard internazionale, elaborato dall'Organizzazione internazionale per la normazione, che fornisce alle imprese delle linee guida per integrare la responsabilità sociale nelle loro strategie, nella loro gestione e nelle loro operazioni.

La responsabilità sociale delle imprese (RSI) è il concetto secondo cui le imprese devono tenere conto degli impatti economici, sociali e ambientali delle loro attività, e agire in modo etico, trasparente e sostenibile nei confronti dei loro stakeholder. La RSI può portare benefici alle imprese in termini di reputazione, competitività, innovazione e fiducia. Ecco alcuni casi studio di imprese che hanno adottato pratiche di RSI:

Coop è una cooperativa di consumatori che opera nel settore della grande distribuzione organizzata. Coop ha adottato una politica di RSI basata su quattro pilastri: qualità, ambiente, solidarietà e partecipazione. Tra le iniziative di RSI di Coop, si possono citare: la promozione di prodotti biologici, equosolidali e a filiera corta; la riduzione dell'impatto ambientale dei propri punti vendita e dei propri processi logistici; il sostegno a progetti sociali e umanitari in Italia e nel mondo; la valorizzazione dei soci e dei dipendenti attraverso la formazione, la comunicazione e la democrazia interna.

Enel è una multinazionale dell'energia elettrica che opera in oltre 30 paesi. Enel ha adottato una strategia di RSI basata sulla creazione di valore condiviso tra l'impresa e la società. Tra le iniziative di RSI di Enel, si possono citare: la transizione verso un modello energetico basato sulle fonti rinnovabili e sulla digitalizzazione; la tutela della salute e della sicurezza dei propri lavoratori e delle comunità locali; il coinvolgimento dei propri stakeholder attraverso il dialogo, la trasparenza e la rendicontazione; il contributo agli obiettivi di sviluppo sostenibile delle Nazioni Unite.

Ferrero è una azienda familiare che produce dolci e cioccolato, nota per marchi come Nutella, Kinder e Ferrero Rocher. Ferrero ha **149** adottato una visione di RSI basata sui valori di qualità, responsabilità e rispetto. Tra le iniziative di RSI di Ferrero, si possono citare: la garanzia della qualità e della sicurezza dei propri prodotti; la salvaguardia dell'ambiente e delle risorse naturali; il miglioramento delle condizioni di vita dei coltivatori di cacao e delle loro famiglie; la promozione di stili di vita sani e attivi tra i propri consumatori e i bambini.

Spero che questi casi studio ti siano stati utili. Se hai bisogno di altro aiuto, sono qui per te.

Conclusioni

Riflessioni e proposte sullo studio e la pratica del diritto commerciale

Il diritto commerciale è il complesso delle norme che regolano i rapporti tra gli operatori economici, come imprenditori, consumatori, fornitori, concorrenti, ecc. Il diritto commerciale ha lo scopo di garantire il buon funzionamento del mercato, la tutela degli interessi legittimi delle parti e la promozione dello sviluppo economico. Il diritto commerciale non è solo una questione di regole tecniche, ma anche di valori e principi etici, che devono essere rispettati e promossi dagli operatori economici.

In questo libro, abbiamo analizzato i principali aspetti del diritto commerciale, sia dal punto di vista teorico che pratico. Abbiamo esaminato le fonti, i soggetti, gli atti, i contratti, le società, i titoli di credito, i diritti di proprietà industriale, il fallimento, la concorrenza, il consumo, la responsabilità sociale, l'etica aziendale, ecc.

Abbiamo anche fornito degli esempi, dei casi, dei problemi, dei testi, dei codici, delle tabelle, delle figure, ecc., per facilitare la comprensione e l'applicazione delle norme.

Il diritto commerciale è un ramo del diritto dinamico e in continua evoluzione, che deve adeguarsi alle trasformazioni economiche, sociali, tecnologiche, ambientali, ecc., che caratterizzano il mondo degli affari. Il diritto commerciale deve anche confrontarsi con le sfide e le opportunità che derivano dall'integrazione e dalla globalizzazione dei mercati, che richiedono una maggiore armonizzazione e cooperazione tra i diversi ordinamenti giuridici.

Per questo motivo, il diritto commerciale richiede uno studio costante e aggiornato, che tenga conto delle novità legislative, giurisprudenziali, dottrinali, ecc., che si verificano a livello nazionale, internazionale e comunitario. Il diritto commerciale richiede anche una visione critica e comparata, che sappia valutare i pro e i contro delle diverse soluzioni possibili, e che sappia proporre delle alternative o delle integrazioni, in base ai principi e ai valori che ispirano il diritto commerciale.

Speriamo che questo libro sia stato utile e interessante per i lettori, che siano studenti, professionisti, operatori economici o semplici appassionati di diritto commerciale. Speriamo anche che questo libro abbia stimolato la curiosità e la riflessione sui temi trattati, e che abbia fornito degli spunti e delle risorse per approfondire ulteriormente lo studio del diritto commerciale. Speriamo infine che questo libro abbia contribuito a diffondere la cultura e la pratica del diritto commerciale, come strumento di regolazione, di tutela e di sviluppo del mercato.

Siamo giunti alla fine di questo libro sul diritto commerciale. Speriamo che tu abbia trovato interessante e utile la lettura, e che tu abbia apprezzato il nostro lavoro. Se il libro ti è piaciuto, ti saremmo grati se ci lasciassi una recensione su Amazon, dove puoi esprimere la tua opinione, i tuoi suggerimenti, le tue critiche, le tue domande, ecc. La tua recensione è importante per noi, perché ci aiuta a migliorare la qualità dei nostri libri, a capire le esigenze dei nostri lettori, a diffondere la nostra passione per il diritto commerciale. Per lasciare una recensione, basta seguire questi semplici passi:

- Vai alla pagina del libro su Amazon
- Scorri fino alla sezione "Recensioni dei clienti" e clicca sul pulsante "Scrivi una recensione".
- Assegna un punteggio da una a cinque stelle, in base al tuo grado di soddisfazione.
- Scrivi il titolo e il testo della tua recensione, usando un linguaggio chiaro, cortese e costruttivo.
- Inserisci foto del libro.
- Clicca sul pulsante "Invia recensione" per pubblicare la tua opinione.

Ti ringraziamo per il tempo che ci dedichi e per il tuo contributo.

Speriamo di ritrovarti presto tra le pagine di un altro nostro libro.

Navigare nel Diritto Commerciale

153